王雷泉 著

禅的智慧与人生境界
王雷泉讲演录

上海社会科学院出版社

目录

第一讲　中国佛教的过去、现在与未来 | *1*
　一、一种新的"判教"方式 | *1*
　二、佛教在中国传播的特点 | *8*
　三、佛教未来发展的若干问题 | *14*

第二讲　中国佛教之重建
　　　　——以太虚《中国佛学》为中心 | *19*
　一、中国主流佛教的特质 | *19*
　二、太虚重建中国佛学的愿景 | *23*
　三、佛教的衰落与近代佛教的复兴 | *28*
　四、人间佛教及其进入主流社会的路径 | *35*

第三讲　心净则国土净
　　　　——佛教哲学与生态环境 | *47*
　引言 | *47*

一、"地球村"与当代环境哲学 | 48
二、佛教环保思想的理论基础 | 54
三、对治消费主义的生活方式 | 64

第四讲 禅的智慧与人生境界 | 67
一、佛教对世界人生的看法 | 68
二、提升眼界,放大心量 | 71
三、禅宗的宗旨和特点 | 78
四、以出世精神做入世事业 | 84

第五讲 教外别传与宗教兼通 | 93
引言 | 93
一、禅宗在佛教中的地位 | 96
二、六祖惠能论宗教兼通 | 105
三、永嘉会通禅教的贡献 | 116
四、太虚论重建中国佛学 | 127
余论 | 141

第六讲 "烦恼即菩提"辨析
——以《坛经》为中心 | 143
一、问题的提出 | 144
二、禅宗思想的革命性转向 | 149
三、凡夫即佛,烦恼即菩提 | 155

四、二道相因，生中道义 | *159*

　　五、转：佛教解脱论的实践特色 | *165*

第七讲　**法华精神与人类宗教的未来** | *169*

　　一、当今语境中的宗教问题 | *169*

　　二、从"五眼"谈佛之知见 | *180*

　　三、法华精神与如来使 | *187*

　　四、做从地涌出的菩萨行者 | *195*

第八讲　**观音信仰与佛教慈悲精神** | *199*

　　一、我们需要什么样的宗教？ | *200*

　　二、悲智双运，从心开始 | *201*

　　三、做观音菩萨的千手千眼 | *203*

　　四、路在脚下，途中即是家舍 | *205*

第九讲　**真理与自由**

　　——佛教的思想与方法 | *209*

　　引言：观自在 | *209*

　　一、真理之境 | *213*

　　二、菩萨之行 | *217*

　　三、自由之果 | *221*

第十讲　**上帝·天命·实相**

　　——三教融会背景下的栖霞论道 | *225*

一、善行的终极意义和进路 | 229

二、引儒入佛,阐释立命之学 | 233

三、立志塑造义理再生之身 | 241

四、命自我立不落凡夫窠臼 | 247

第十一讲　须向那边会了,却来这边行履

——从永嘉玄觉到南怀瑾 | 255

一、生死与涅槃 | 255

二、宗通与教通 | 263

三、入山与入世 | 268

第一讲 中国佛教的过去、现在与未来

一、一种新的"判教"方式

20世纪初以降,在东西文化冲撞交融的大背景下,中国知识分子把佛教从原来的儒、道、佛三教格局扩大到世界三大宗教格局中加以审视,出现了一种非常有趣的"判教"方式,即不承认佛教是一种宗教,耻于将佛教与基督教相提并论,这是从三国《牟子理惑论》提出三教一致说以来所从未有过的。除了民族主义的因素,这里反映了佛教知识分子对基于理性的佛教的自信,并倡导经过理性提纯的宗教精神之复兴。章太炎在日本做了《佛法果应认为宗教耶?抑为哲学耶?》的讲演,认为佛教是求智的哲学,"终是哲学中间兼有宗教,并不是宗教中间含有哲学"。欧阳渐则更进一步,在南京高等师范学校作了《佛法非宗教非哲学而为今日科学之必需》的著名讲演。这种"判教"方式引出了两个问题:一是不承认佛教是一种宗教,表明现行的宗教出现了危机。那么究竟什么是宗教,宗教应该是什么样的呢？二是表明了佛教的优越感。那么佛教在世界宗教中究竟占据什么样的地位呢？

我认为佛教应该是宗教。世界各种宗教虽然都各具形态，但都有一些共同的特点：

1. 宗教从人生的负面切入，去体察现实人生的苦、罪等根本缺陷。这些根本缺陷是由人源于动物性的感官欲望和感觉经验所产生的。

2. 所有的宗教都要通过信仰、祈祷、修行等宗教意识和宗教行为通向超越现实人生的理想境界。这种理想境界只有在克服了人的动物性并升华人的神性或佛性之后才有可能达到。

3. 为了推进这种理想境界的到来，所有宗教都要借助于世俗社会的组织、权力和文化设施等。这就形成了不同地区、不同种族、不同形态的宗教组织和宗教教义。

人在动物阶段没有宗教。宗教存在于从动物超越到人的过程之中，与人类社会共始终。人之所以成为人，在于人具有意识，有永不满足的精神追求。宗教主要在情感和意志上对人存在的缺陷作一种弥补和超越，是对人类命运的终极关怀。宗教帮助个人寻求安身立命之所，达到心理平衡，进而提升人的精神境界。宗教对社会则提供了一种宣泄和解毒的机制，维护着社会安定和精神生态平衡。宗教是个人的精神家园和整个社会的精神公园。宗教是人类心灵的超越活动，这种超越性来

第一讲　中国佛教的过去、现在与未来

自创始人的社会批判思想,也来自其宗教灵性上的实证体验。超越思想、灵性体验,构成宗教信仰的核心层圈。以此为核心组织教团、创制教规,并与社会的经济、政治诸层面发生各种顺逆关系,构成宗教的社会层圈。将这种宗教思想、宗教体验、宗教礼仪和宗教制度,通过语言、音乐、文学、建筑、雕塑等各种文化形式向外推广,构成宗教的文化层圈。信仰、社会、文化,宗教以此三圈层层相叠、环环相扣,构成一个在世间而超世间,历史的又超历史的巨系统。不共的出世法构成宗教的特质和存在于世的理由,共世间法构成宗教在社会中存在、在历史中发展的条件。

既然人兼具动物性、社会性和神性,那么作为人之精神活动的宗教必然要与人的这三种属性发生关系。少数先知先觉者体证到的源头活水,在向社会、文化层圈的扩展中,走向了世界,犹如山林溪泉,汇入长江大河,与高山低谷发生冲撞,在千回百转中挟泥沙而下,这是宗教发展中不可避免的代价。宗教要超越自然与社会,但它也往往为被超越的对象所局限。于是,自利与利他的两难、属灵与属世的摩擦、基要主义与世俗化运动的冲撞贯穿于整个宗教发展的历史。在人类文化史上,对宗教提出尖锐批判的往往是最虔诚的宗教徒。这些宗教徒批判的不是宗教本身,而是背离宗教精神的行为。

佛教不仅具有宗教的共性,而且在世界宗教和人类文化中

具有独特的地位。德国杜宾根大学孔汉思(Hans Kung)在他与加拿大多伦多大学秦家懿合著的《中国宗教与基督教》一书中,认为世界上古老的文明都产生于丰饶的河谷地区:尼罗河流域、美索不达米亚地区、印度河谷地和华北平原的黄河流域。

这些河谷地带流出了三大现存宗教河系:

1. 闪米特族系,它汇入了古埃及宗教和美索不达米亚宗教,并演化为"亚伯拉罕三大宗教",即古代希伯来宗教及后来的犹太教,公元1世纪前后从犹太教衍生出来的基督教,公元7世纪吸收犹太教和基督教某些教义而创立的伊斯兰教。这一宗教河系以"先知预言"为特征,它们的共同特点是"信仰虔诚"。首先是犹太教,它是以色列长老、法律和先知的宗教。基督教从犹太教中脱颖而出,其特点是信仰救世主基督(弥赛亚)。伊斯兰教是信奉先知穆罕默德的宗教。

2. 雅利安族系,即印度民族的宗教及旁支古波斯宗教,包括从吠陀教到婆罗门教、佛教及同时兴起的耆那教、公元7世纪商羯罗复兴的新婆罗门教(印度教),以及印度教与伊斯兰教结合的产物锡克教。这一宗教河系以神秘主义为特点,常常与禁欲苦行相伴随,是对后吠陀时期过度发达的偶像崇拜的反动。它的教义中心是体验万物合一,通过冥想、自省、顿悟和《奥义书》里首先阐明的一统信念,形成了以后印度宗教的基础。后来出现了耆那的改革运动,而释迦牟尼的改革运动一直传入中国和日本。

3. 中国族系,即儒教和道教。其信仰核心是圣贤,亦被称作哲人宗教。中国将终极理想诉诸历史,结果是强调历史传统和巩固陈规旧贝。中国极为敬重老年人和他们的经验。加强这种敬重的反面是缺乏西方式的政教分离和贵族与教士分离。儒学和道教这两大哲人宗教互相融合交织,还吸收了大乘佛教的影响,并给这些影响染上了浓厚的中国色彩。

这三大宗教河系,若按梁漱溟先生的说法,可以三种典型文化为代表加以考察。以基督教为代表的西方文化偏重对物之学而长于物理;以佛教为代表的印度文化偏重出世之学而长于玄思;以儒教为代表的中国文化偏重为人之学而长于人伦。佛教之所以被认为不是宗教,是因为它是一种以人类为本位的哲理化宗教。佛教来自宗教修行的特殊体验,又以亲证这种体验为归宿。求证解脱与体证真实构成了佛教一体不二的轴心。在我看来,佛教具有如下四种特征:

1. 佛教以人类为本位。佛教始终站在人类主体的立场,一切问题的设定、思索的方向,以及评判认识的真伪等,皆由这主体的立场来决定。佛教哲学对真实的认识,不仅仅限于"存在之学",而且具有主体价值论意义上的"当为之学"。对真实的彻证,也就是解脱的完成。与真实对立的是虚妄,与道德价值上的染、恶相连。存在上的真,与价值上的善紧密结合。佛就是觉悟真理的人,成佛就是人格圆满。佛教的理想,用临济禅师的话来说,就是做一个"随处作主,立处皆真"的"无位真人"。佛教以人为本、自贵其心的立场,显然有别于西方宗教以神为本位、人神对立的特点,对世界宗教和哲学的发展做出了独特的贡献。

2. 以悲智双运为中心提升主体生命。主体生命的升进历程,即转识成智、转染成净、转凡成圣,因引进菩萨度生的慈悲观念,遂形成佛教独特的悲智双运的解脱论特点。一己的解脱与无穷无尽众生的解脱结合起来,超越的出世解脱与内在的入世济度形成一体。赵州禅师发愿死后到地狱去:"我若不入,阿谁等着救度汝等众人?"为论证这一无限升进、无穷往复的历程,在佛教哲学方法论上遂有胜义谛与世俗谛、究竟与方便、根本智与后得智、实教与权教的辩证处理。

3. 以现观亲证为认识的基础终极。从佛教哲学的发生学角度来看,佛法源于佛陀的自内证。在禅定的意识锻炼中,改变意识状态,在一种神秘的现观直觉中领悟宇宙和人生的实相,然后把定中所见形相用概念和逻辑的形式显现出来。从早期佛经到大乘瑜伽行派,对此都有详细的说明。即便是中观学派,亦强调禅定的认识论基础:

此常乐涅槃从实智慧生,实智慧从一心禅定生。

静处求定,获得实智慧以度一切。(《大智度论》卷十七)

对佛弟子而言,修学佛法虽以正见为先,依正见(闻思慧)而起正信,依正见而修戒定,但最后仍以现观修慧而得解脱,即所谓"先知法住智,后知涅槃智"。佛教不离禅定,不执着禅定,在定与慧的关系上,更强调正见与智慧的作用。但佛教的"见"和"慧"是在定的基础上的直觉智慧,这是我们考察佛教哲学的基本前提。

4. 引向终极真实的辩证理性。佛教辩证法以中道缘起论为标志,源于解脱论中的不执苦乐二边和断常二见。在组织学说中,佛教通过对概念和理性本性的分析,指出了理性本身的局限,而人类的痛苦就在于执着这种有限、相对的东西,并以之为无限、绝对。因此,在认识论上,佛教以独特的离四句、绝百非的否定性方法,指出世俗认识的局限性,引导人们走向荡相遣执的真实。在真俗二谛论的真理观和方法论中,理性认识得以安立。在说明世界、指导修行的过程中,理性起到了不可或缺的作用。

佛教哲学以人为本位,探讨人生的终极真实问题。这一特征使它与以自然为主、向外探求世界奥秘的古希腊哲学和以社会为本位、横向研究人伦关系的中国哲学区别了开来。

佛教以解脱为中心而展开悲智双运的生命升进历程,这一特征，使它区别于绝对信仰外在的上帝、崇奉基督救赎的基督教，带有主体自由、自我觉悟的特点；又使它区别于重视现实伦常和世俗生活的中国宗教，带有强烈的出世性格。

佛教以禅观亲证为认识的基础和解脱实践的终极，使它区别于建立在纯理性基础上的哲学，表明了佛教内证型的宗教性格。

佛教哲学的否定性辩证法和真俗二重真理观，丰富了辩证法的内容。它那扫荡一切而又建立一切的方便善巧，沟通了出世与入世、佛法与世法，使佛教得以广泛传播，完成了从绝对向圆融的转化。但滥用方便，也导致了日后佛法的变质。

二、佛教在中国传播的特点

佛教为什么传入中国？现在，人们都偏重谈佛教对中国固有文化的适应，对佛教在中国的传播作"凡是存在的都是合理的"辨别，但实存的事物会随着社会、文化条件的改变而失去合理性并走向灭亡。《法华经》所说的"佛为一大事因缘出现于世，为使众生开示悟入佛之知见"一语，从文化本体论上指出了宗教存在于世的价值和理由。在我看来，佛教中国化是一个宗教传播学上的概念。作为世界三大宗教之一，佛教存在和发展于传播过程中。在对华传播的过程中,佛教没有采取强制改宗和宗教战争的激烈形式,而是在比较和平的环境中,运用佛教本身在思想理论上的优势,使中印两种高级文化在保持各自特征的前提下互相渗透、互相融合。在这一过程中,佛教获得了中国的表现形式;中国宗教和中国文化因佛教的加盟而丰富了自身的内涵。因此,中国佛教史首先是佛法在中国弘传的历史,是灵与肉、精神与物欲、法性与无明此消彼长的心路历程,其次才是作为世俗层面的中国文化重要内容的演进史。

佛教在中国的存在和发展,取决于传播主体和传播客体的两方面因素。

其一,就传播主体而言,取决于佛教自身的开放、包容性质。从传播主体佛教来说,所谓中国化,就是佛教在传教过程中契时应机的方式和结果。佛教的空性智慧和慈悲精神,导致传播中的独特方法论——真俗二谛的真理观和方法论,出世殊胜的佛法不离世间并体现在日常生活中。中国化就其适用范围表现为:进入异质文化圈的"本土化"、体现时代精神的"现代化"、三根普被的"大众化"。

超越的宗教理想和修证实践,必须适应众生的根机而随开方便之门。但前者是本,是源,后者是迹,是流。以二谛论观照中国佛教史,究竟与方便的人天之战,演出了中国佛教两千年的一幕幕悲喜剧。六祖惠能"悟则转法华,迷则法华转"一语,可视为我们观察中国佛教史的一条主线。

其二,就传播客体而言,取决于中国社会政治、经济和文化的制约和融摄。佛教是中国人请进来的这一事实,表明中国社会需要佛教。重智慧、重解脱实践的出世性佛教能弥补中国固有思想和宗教之不足。这是佛教能在中国两千多年历史中得以传播发展的基本前提。而佛教在中国时兴时衰的曲折起伏则受政教、教教、教俗三重关系的制约。

1. 受政教关系之制约。佛教与政治、经济的关系突出表现为同国家的关系。两千年封建国家处于周期性的统一—解体—分裂—再统一的振荡之中,佛教的发展亦相应呈现起伏状态:在国家解体、分裂时期,佛教得到长足发展,但往往走向畸形,导致灭佛事件;在强盛、统一的王朝时期,政教关系相对保持祥和正常,佛教取得适度发展,但佛教对政治的依附性也随之增强;在外族入主中原或王朝文弱时期,政权对佛教进行较多的干预和钳制,导致佛教处于萎缩状态。

中国佛教史上的僧官制和度牒制,表明佛教从未凌驾于王权之上,而是处于王权的有效控制之下,区别只在于这种控制的强弱程度。就佛教的圆融、和平的宗教性格而言,佛教只有在政教分离的格局下才能得到健康发展。

2. 受教教关系之制约。中国宗教具有伦理性宗教的性质,表现为重现世、重功利的特点。佛教与中国其他宗教的关系,在封建时代主要有三大类:与儒教的关系、与道教的关系和与民间宗教的关系。中国宗教的主流是儒教。儒教作为一种不健全的国教,其兴衰起伏通过国家政权而制约着佛教。佛教在中国发展的时空不平衡性,背后机制在于儒教。在儒教失落时期,佛教填补了儒教留下的精神真空,得到广泛发展;在儒教重建时期,佛、道、儒三教鼎立。儒教作为一种宗教具有的排他性,在中国历史上长达一千多年的三教关系争论,反映了儒教企图独霸精神世界的领导地位和佛教为求得自己生存空间的努力。在儒教一统时期,佛道二教皆匍匐在儒教之下,佛教日益失去自己的主体地位。

只要儒教作为政教合一体制中的国教,即使处于名实不符的地位,儒佛之间就只能是一场不对等的竞赛。佛教真正自由的发展,只有在儒教退出国教地位之后才有可能。

3. 受教俗关系之制约。中国封建政治和儒教的基础是农耕宗法制社会。佛教在中国的传播和发展,不得不受到中国世俗社会和世俗文化的影响:在宗教思想上,受中国哲学思维直观性、简易性、整体性之影响,遂有传译讲习中的"格义",用中国思想文化解释佛教概念,创宗立说中的"判教",以及在此体系指导下的编撰、印刻佛典;在宗教经济上,受农耕社会之影响,原来的乞食制转化为自主的寺院经济,有农禅并重之丛林制度的产生;在宗教组织上,受宗法制度之影响,有传法世系之延续,并反映为对佛教历史的重视;在宗教生活上,受入世功利性的民俗之影响,遂有"为国行香"的官寺之产生和重现世利益及死后生活之经忏礼仪的盛行。

佛教在中国的成功传播是不容置疑的。据陈兵先生在《中国佛学的继承与重建》中的总结,中国佛学至少有如下四个特点:

> 本佛宗经的基本立场。太虚大师指出,本佛、宗经、重行的道安系,始终为中国佛教思想的主动流。中国诸宗,除三论宗外,莫不依佛经而建立,佛典中以经藏及疏注为主。这既与中国崇先圣、重经训的传统有关,也表明中国佛教发展了中国宗教原所缺乏的超越性一面。

> 判教开宗的高度智慧。诸宗皆以"判教"为立宗树旨之出发点,对印度乃至中国的全部佛学内容,按说法时间、所对机宜、说法方式、义理之浅深顿渐,进行分类判释,抉择最圆满了义之说,表现了一种纵观俯瞰全部佛法、深入研究、明晰精密的高度智慧和中华民族的文化自信。

> 中道圆融的实践品格。历代各宗大德禀中华文化辩证思维及直观顿悟之长,将佛法尤其是佛陀果境所蕴的深密义理阐发得极为圆满,在今日尚高踞世界哲学之巅。至于禅门宗师之妙悟与机锋,则更超三谛、四法界,不落法界

第一讲 中国佛教的过去、现在与未来

量,直契佛心,妙味无穷。

简易切实的修持法门。禀中华民族文化传统而建立的中国佛学,以简易切实、契理契机的修持法门——禅净二学为主。禅净二宗的建立和盛行,表现出中国佛学大德当机择法的慧眼,和由本地文化传统所赋予的以简摄繁、以顿摄渐、以易摄难的大总持智。[①]

佛教在中国的传播,按真俗二谛论,应是"中国化"和"化中国"的辩证统一,真不离俗而不退堕为俗,实应兼权而不依附于权。佛教在适应中国社会和中国文化优良传统的同时,也屈从了其中的消极面,付出了影响至今的负面代价。可举以下数点:

1. 主体性格不明,化世导俗的功能不足。[②] 出世为佛教最可宝贵的宗教性格。出世并非逃离,而是超越、提升世间,建立在对现存世间的价值批判上。由于中国封建社会长期以来以政治伦理为中心的儒家思想及祖先崇拜的宗教模式为治国之本,儒教被统治者尊为正统,具有国教地位。迫使佛教在世间法上不得不顺应、依附政权和儒教。但因为佛教过分依附世俗政权,迁就民俗淫祀,所以降低了佛教的宗教性格和文化品位,导致化世导俗的人乘正法未能得到应有的弘扬。这是佛教走

---

① 佛日:《中国佛学的继承与重建》,《法音》1992年第2期,第3—9页。
② 同前。

向衰败的重要原因。

2. 教团组织涣散。受以上依附政权和儒教之制约，佛教长期以来未形成一个统一的教会组织，四众弟子未处于有序的内部结构。结社往往不是由教团做组织上的保证，而是受主事人的个人魅力所左右。当主事人素质低下，教团极易演化为会道门，而与正宗佛教争夺信徒。

3. 修学次第不够完备。① 由于中国佛教崇尚简易，故修学次第不甚严格完备。学佛者往往一入门便参禅、念佛，忽略了初入门必先修习的培植信根、闻思经教、发心、持戒、做人等，因而易生因地不真、戒基不固等弊端。或者忽视世间法，注重死后的生活；或者把神圣的佛法混同于世间法，把人间佛教庸俗化。

三、佛教未来发展的若干问题

"文化大革命"结束之后，中国佛教有两个转折阶段：第一个是1978年中国共产党第十一届三中全会在宗教问题上的拨乱反正，结束了中国佛教"无法无天"的局面。"无法"者，社会主义法制受到破坏；"无天"者，缺乏真正的宗教精神，失去了社

---

① 佛日：《中国佛学的继承与重建》，《法音》1992年第2期，第3—9页。

第一讲 中国佛教的过去、现在与未来

会的精神生态平衡。第二个是1992年邓小平南方讲话后,中国进入市场经济时代。前一个转折为佛教从一片废墟中恢复提供了政策上的保障;后一个转折,则为佛教在21世纪的发展提供了基础。从计划经济转向市场经济有一个阵痛期。然而,宗教的必然复兴是不以任何人的主观意志为转移的客观事实,问题在于:在两千多年历史中几乎成为中国固有文化组成部分的佛教如何在这样的背景中抓住发展机遇。

第一,前面提到在历史上制约佛教发展的三层关系,前两层已发生根本性变化。随着封建社会的解体,儒教已从政教合一的国教地位退出,恢复了儒学的人文思想原貌,佛教在原儒、道、佛三教关系中的屈辱地位已不复存在。如果说历史上的中国佛教是印度宗教和中国宗教两大河系汇流的产物,那么今天的佛教则全方位地面临着世界三大宗教河系冲撞融汇的问题。在同一政教环境下,佛教面临着的强大对手是基督教和五花八门的外道会门。当基督教以其信仰热忱、团契精神进军农村时,佛教依然是"姜太公钓鱼,愿者上钩",并以愈演愈烈的商品化礼仪,把自己封闭在一个狭小的天地。

第二,中国在走向现代化,工业文明在推动佛教传播的同时,也会带来世俗化的弊病。据我看来,随着法治建设的推进,在政治上压制佛教的做法对佛教的负面影响渐趋消失;而在经济上利用佛教的做法对佛教的负面影响的比重正在上升。中

国佛教在历史上就是从城市走向农村才有广阔的发展天地。目前,中国佛教宗教精神的复苏,在向广大农村传播的过程中才能使佛教返璞归真。中国佛教学术研究的振兴,唯有从大专青年的培养(主要是佛学院中的优秀学僧)入手才能提高佛教的文化品味。

第三,佛教如何在信仰、社会、文化三大层圈中保持均衡发展。这里有很多操作层面的问题,比如:确保佛教自内证的实践品格有权威的评价系统,新型佛教教育有助于统一教团的形成,等等。有三个根本性的理论问题是有待讨论的:

1. 关于宗教的"五性论",是在肯定宗教必然消亡的前提下,承认宗教具有长期性、复杂性、群众性、民族性和国际性。这比原来占统治地位的"鸦片论"[①]有了明显的进步,但由于这一理论的多义性,各界人士皆可据此得出合乎自己需要的解释。

2. 关于宗教的"适应论",即宗教必须适应中国社会的政治、经济和民俗习惯。在这一理论支配下,宗教的正面作用似

---

① 根据《中国大百科全书》(第三版网络版)的说明,"宗教鸦片论"起源于马克思和列宁对宗教的论断及批判。马克思和列宁认为,宗教是剥削阶级在掌握政权后统治人民的工具,并将宗教比作鸦片。学术界主流观点认为,马克思与列宁的观点是在特殊的历史背景下提出的,有其特定含义,不能脱离历史背景来看待。

乎多集中在国际交往和旅游观光上,而宗教批判现实、化世导俗的功能则被忽略了。

3. 关于宗教的"文化论",受上述两个理论制约,有些佛教界和学术界人士避开宗教的信仰层圈和政教关系等敏感问题,推出"宗教是一种文化"的口号,仅在宗教的文化层圈中做文章,模糊了佛教的宗教品格。

对上述问题,纵然现阶段还不能完全解决,但教内外的知识分子对此做前瞻性的研究是刻不容缓的。

佛教在中国已有两千多年的历史。今后,只要还有人类存在,佛教就将继续存在下去。佛教在过去就经历了种种波折和苦难,现在和未来也不会一帆风顺。佛教在未来如何发展,现在无法预料,但可以从修证、见地和行愿三方面努力。在修证上,回到释迦牟尼,以四谛、三学、三法印作为根本标准,不能篡改出离解脱这一佛法的根本宗旨。在见地上,充分肯定中国佛学对印度佛学的创造性发展,中国佛教只有保持自己的民族特点,才能真正走向世界。在行愿上,强化理想主义的色彩,突出菩萨精神的"悲"字:上求菩提,虽不能至,心向往之;下化众生,虽知不可,勉而为之。

---

* 本文讲于河北赵县柏林禅寺(1993 年 7 月 26 日),刊于河北禅学研究所编《第一届生活禅夏令营专辑》(1993 年)。收入本书时,有适当删改。

第二讲　中国佛教之重建
——以太虚《中国佛学》为中心

一、中国主流佛教的特质

在中国佛教史上,有三位大师级人物具有里程碑式的地位。东晋道安法师推动了佛教的中国化,其时代课题是沟通中印两种异质文化,基本解决了佛教初传过程中的格义问题,推动了佛教的义学研究和制度建设。唐代禅宗六祖惠能推动了佛教的大众化,其时代课题是克服佛教传播中的形式主义和经院哲学化,重新回归佛教的修证本位。近代太虚大师推动了佛教的现代化,其时代课题是面对东西文化的冲撞和交汇,尤其是基督教的冲击,以人间佛教旗帜致力于佛教现代化的转向。

今天所用的"宗教"一词,来自日本人对西文 religion 的翻译,古汉语里没有宗教这个词。"宗",指祖宗、祖先,以及祭拜祖先的祖庙、宗庙,引申出根本、本源、根源、终极神圣的意义。"教",指教化、教育、学说,使神圣的、终极的意义在社会中传播,在历史中延续,从而与经济、政治、文化发生广泛的联系。在世界三大宗教中,基督教和伊斯兰教都是一神教,他们的"宗",即宗教思想、社会学说、规章制度的终极意义来自何处呢?一神教所信仰的神,不管有什么样的名,是世界的创造者、人间秩序的主宰者,也是未来命运的审判者。一神教的教义思想来自神的启示,神通过先知,把自己的旨意传递给了世人。那么,佛教有没有这样的东西呢?没有。佛教的教义里没有创造者,没有主宰者,也没有审判者。佛陀,顾名思义就是觉悟者,所以佛教的"宗"不在外在的上帝,而在于佛内心的觉悟,而且佛所悟到的真理,佛所达到的境界,人人都可以达到。佛把他悟到的真理,用我们听得懂的语言在人世间传播,那就是"教"。宗教就其神圣性来源来讲,有启示性宗教和内证性宗教,佛教就是内证性的宗教。

由此可见,佛教的"宗"在于修证悟道,既来自契合真理的禅修,也与佛陀的批判精神紧密相关。首先是佛陀对当时种姓制度的社会批判;其次是佛陀对婆罗门教及沙门思潮中各种外道思想的批判;最后是将这些社会弊病和思想谬误都归结为对人心中烦恼的批判。我不主张把佛教的神圣性来源仅限于禅观体验,这样讲很容易落到反智主义和神秘主义。佛教整个教义思想体系里,有着充分的批判精神和理性思索。

太虚在《中国佛学》一书中提出"大乘佛法以何为本"之问,

第二讲 中国佛教之重建

他引用《法华经》"三世诸佛,皆以一大事因缘故出现于世,所谓为令一切众生开示悟入佛之知见故",点明了佛教存在于世界上的重要理由。所谓"大事因缘",就是宗教的"合法性"问题。在中国1949年以来的政教关系史中,前30年中宗教不具备政治合法性;改革开放之后,宗教开始获得政治上的合法性。但有人将此曲解为"宗教搭台,经济唱戏",我在20世纪90年代初批评这个祸国殃教的口号。好在世纪之交时,这个口号受到政府明确的批评,但遗毒还在。

佛教的信仰合法性,不在于单向度地适应世俗社会,而在于不共于世间法的"佛之知见"。佛教存在于世间的根本宗旨,是为了使一切众生提升到"佛眼"的高度,都具有佛的智慧。知见,是主观认识的高度,按佛教的说法,观察世界有五种视域和眼光。最低层次是肉眼凡胎,为超越肉眼的局限性,遂有神秘主义的天眼方式。世界各文明传统中的巫术和原始宗教,即是试图以掌握超自然力量或向其祈求的方式,达到认识世界和改造世界的目的。但在佛教看来,肉眼和天眼都属于凡夫的眼光,所以要"借我一双慧眼,才能把这个纷扰看得清清楚楚、明明白白、真真切切"。慧眼,是超越世俗的眼光,认识缘起性空的真理。但光停留在看破和放下还不够,还要上升到大乘菩萨的境界——法眼,在真理的普遍性基础上,为度化众生而上升到真理的具体性和多样性。比法眼更高一层的是佛眼,这是最透彻、最真实的认识事物的方式。所谓开佛知见,即照察绝对、终极、一味、普遍的真理。故太虚的结论是:"所谓佛之知见和诸法实相,就是佛的自证法界,即大乘法的本。"请注意,"佛之知见"侧重于认识主体,"诸法实相"则侧重于被认识的真理,两者超越主客观的分别,而统一于"佛的自证法界"。这就是证法,即"宗"的层面。

把来自佛内证境界的真理传播出去,就是"教"的存在方式。口耳相传的是"言教",形成文字为"经教",在社会中结成宗教团体,制定宗教制度,开展宗教活动,构建物质性的宗教载体,这都是教法的层面。佛教在世界上流传,因应传播者的水平和接受者的根机差别,与各地的风土人情、政治、经济、文化相互适应,主要有三大语系的不同样貌。比如说,观音菩萨在西藏是一位留有胡子的帅哥,在汉地则是一位中年美妇的形象,如果佛教传播到了非洲,观音会呈现什么样态呢?当地人一定会把他们认为最美的形象赋予观音菩萨。因此,教法必然会适应时节因缘而发生变迁。1949年以前,当时的"上海特别市"共约六百万人口,市区寺院有三百多座。现在的上海市常住人口两千多万,流动人口又是几千万,寺院一百多个。如何增加寺院的数量和规模呢?嘉定万佛寺利用旧厂房改建,提供了很好的创意,堪称"2.0版本"的现代寺院模式。用最少的钱,办最大的事,这是佛教未来发展的大势。都市佛教并不一定都要金碧辉煌。

太虚分析不同地域所传播的佛教,各有其特点。南洋地区佛法之特质在律仪;日本佛教特点则在于闻慧及通俗应用,所以日本的佛教研究特别发达,仅佛教大学就有三十几所;中国佛教特质是重禅。太虚这里所说的禅,并非指禅定的禅,实质是指"定慧一体"的禅,区分为教下的"依教修心禅"和宗门的"悟心成佛禅"。佛教的根本在觉悟,禅宗在于直契佛心,所以禅宗也自称佛心宗。宗门禅又衍生为"超佛越祖禅"和"越祖分灯禅"。但是,不管是宗门还是教下,"从宗出教"的路径则一,即以证法作为教法的神圣性源头,又以证悟作为实践教法的归宿。所以太虚说"禅观行演为台贤教",其中实相禅布为天台教,如来禅演出贤首教。到宋以后,"禅台贤流归净土行",禅宗、天台、华严等宗派最终归于净土信仰。太虚勾勒了中国两千多年来佛教发展的脉络,非大师不能为也。

二、太虚重建中国佛学的愿景

太虚特别强调道安-慧远一系,认为他们开启了中国佛教的主动流。我曾写过篇短文《涌泉犹注,寔赖伊人——道安之"动"与慧远之"静"》,将早期佛教传播形态概括为三个类型:

佛图澄之"神"、道安之"动"、慧远之"静",这师徒三代的风格,大体上就对应着佛教的三种存在状态和传播策略。也可以说,中国佛教的主流思想和组织建制,是循着佛图澄、道安、慧远师徒的事业而发展的。

佛图澄之"神"。南北朝时期的《梁高僧传》,将入传目录编为十科,以高僧对佛教所做贡献分为十大类。继译经、义解之后,神异排列第三。当时以儒家为本位的正史,为僧人入传的选拔标准,也主要视其与政治的关系及神通而定。饮水思源,如果没有高僧将佛经翻译成汉文并进行研究,我们至今还在黑暗中徘徊。所以不管是哪个朝代的《高僧传》,译经、义解,都毫无疑问地置于最前面。但"神异"的地位就有变化,到唐代的《续高僧传》中,"感通"(神异)就降到了第六位。今天所说的特异功能,即涉及神通的一些内容。东晋十六国时期,统治北方的胡族国主暴虐无道,佛图澄借助神通慑服残暴的统治者,为中国佛教教团取得了政治合法性基础。佛教传入中国数百年后,也只有到了道安的师父佛图澄时,汉人才被正式允许出家。

道安之"动"。道安纠正了以往偏重神通的趋势,他重整佛教的核心价值,强调戒定慧修行,还纠正了义学上的格义偏差。佛教界内外经常宣扬道安的一句名言:"不依国主,则法事难立。"但这句话必须联系上下文的历史环境来看,据《高僧传·道安传》记载,因北方战乱,道安在南逃襄阳,行至新野时对徒众说:"今遭凶年,不依国主,则法事难立;又教化之体,宜令广布"。道安这番话,说明"不依国主,则法事难立",是佛教处于动荡时期的生存策略,高僧周旋于护持佛法的国主间,借助国王大臣的政治力量作为佛法弘传的外援。因此,在动乱的局面中,道安以自己的道德学问得到南北统治者的尊敬。佛教需要传播才有生命力,世界三大宗教的生命力都在于传播。

慧远之"静"。道安最得意的弟子是慧远,他隐居庐山三十年,名言是"沙门不敬王者"。在北方军队围攻襄阳前,道安让门下徒众各奔前程,对每人都有一番嘱咐,唯对慧远不置一词。当慧远请师父留下临别赠言时,道安说:"如公者,岂复相忧"!(《高僧传·慧远传》)师徒间有如此相知相惜者,千秋之后,读之仍使人荡气回肠。慧远本来要到广东罗浮山,经过庐山时为当地的风景所吸引,遂隐居庐山修道三十年,不出山门前虎溪一步。他高举"山林佛教"大旗,对处于政治旋涡中的国王大臣采取不即不离的态度,在僧俗两界声望都非常高。慧远借口足疾,不应把持朝政的大将军桓玄所召,桓玄只得上山来见。桓玄出言暗含讥讽:"不敢毁伤。"此语出自《孝经》中"身体发肤,受之父母,不敢毁伤,孝之始也"。慧远即以《孝经》回敬:"立身行道,扬名于后世,以显父母,孝之终也!"慧远身处佛法精神衰替的南方,当时都城建业的一些僧侣热衷政治、交往权贵,慧远以"影不出山,迹不入俗"的高行,维护了佛教的神圣精神。在统治者压制佛教、沙汰僧尼的行动中,唯独"庐山为道德所居,不在搜简之例"。

佛图澄之"神"、道安之"动"、慧远之"静",表面看来相差极大,但精神实质则一,都是以真俗不二的智慧,为佛教在中国的传播所采取的契时应机之举。我们完全可以设想:以道安、慧远的中道智慧与高僧风范,假如道安到了南方,也会有"影不出山,迹不入俗"之静;而慧远留在北方,照样会像乃师那样有"不依国主,则法事难立"之动。

道安-慧远一系作为中国佛学的主流,一直延续到今天。太虚概述了四大特点:"本佛就是以佛为本,直承佛的内证境界,而非后来分了派别的佛教。道安主张以释为姓,亦是一个表征。重经,看重佛所说的经,以包括律论,而不是以论为主。博约,由博览而清通简要,能抉择出诸法的要旨。重行指注重修行、注重实践。因符合汉民族性格的四大特点,'故天台、贤首、宗门下及晚期净土行诸祖,虽迭受旁流的影响,仍还由保持着这主流而演变下来'。"[①]

汉传佛教要真正重建自己的修学体系,不但要学习藏传佛教和南传佛教的一切长处,还要学习国际学术界的各种研究成果,在坚持自己主流的基础上,吸收其他支流、旁流的长处。太

[①] 太虚:《太虚佛学》,浙江古籍出版社2012年版,第136—137页。

第二讲　中国佛教之重建

虚所说的两大旁流,一为承传龙树-提婆系的中观学派,一为承传无著-世亲系的唯识学派,也有四大特点。1. 本理,强调的是空或唯识的理。2. 重论,因为是本理,所以主要依据各祖师发挥此理的论典。3. 授受,受限于师徒传承的论典范围。4. 重学,注重钻研讲说。

中国佛学重建的社会基础,太虚强调要"依人乘趣大乘行果"。其要点有二:一是阐明佛教发达人生的理论;二是推行佛教利益人生的事业。太虚这两点抓住了根本,人间佛教就是从人间直达菩萨乘,以此为基础进入主流社会。佛教不能仅仅成为贾宝玉这类社会失败者的避难所,而是要对社会做出贡献。两年前有个《法海你不懂爱》的歌曲引起佛教界的批评,"凤凰网"华人佛教栏目对我进行线上采访,我说佛教改变边缘化处境,进入主流社会,有着对社会问题发声的道义责任。中国正处于社会转型的变革之中,佛教理应为中国的社会进步做出贡献。

奠定在人间佛教的基础上,如何重建中国主流佛学,太虚提出两条非常具有远见的看法。一是"普遍融摄前说诸义为资源而为中国即世界佛教的重新创建"。不要有狭隘的门户之见,要普遍融合中国佛学主流和旁流的优点,作为重建中国佛学的思想资源,从而为世界佛教做出贡献。二是"不是依任何一古代宗义或一异地教派而来改建,而是探本于佛的行果、境智、依正、主伴而重重无尽的一切佛法"。中国佛学的重建是直探佛的本源,既不是泥古不化,也不能喧宾夺主。

三、佛教的衰落与近代佛教的复兴

要复兴中国佛教,得先看佛教是如何衰弱的,才能有振衰起弊的对治。佛法形而上的理,经过与中国本土文化的冲突、磨合、调和,借助儒教这一中间环节,着陆到中国宗法制社会。佛教与中国社会、中国思想的关系,具体表现为儒、释、道三教间的关系。早期是三教冲突,到隋唐时达到最佳的三教鼎立,随着佛教的衰弱,走向三教一致,佛教匍匐于儒教之下。在三教鼎立的格局下,中国社会保有思想的自由空间。我在二十多年前提出的"三王主义",依据是孔子的说法:"君子有三畏:畏天命,畏大人,畏圣人之言。"天命者,指宗教指向的神圣意义;大人者,指世俗的政治统治者;圣人之言,是指学者所探索并传承的思想精华。中国文化的精髓是"和",即欲构建和谐社会,外圆必须内方,内在须有法王(宗教)、人王(政治)、素王(文化)之三角形来支撑。三者保持平衡,社会就和谐了。学者以素王为旨趣,亦交方外之友,亦翼赞王化,然有自己主体性在。

从真俗二谛角度来看,了生脱死的佛法,必须落实在世俗

第二讲 中国佛教之重建

的"担水砍柴""事父事君"的入世事功,然而真谛不应退堕为世俗。但在现实中,佛教徒经常面临的吊诡困局是"谈真则逆俗,顺俗则违真"(《肇论·物不迁论》)。要度化世俗的佛教,却常常被世俗所同化。于是,究竟与方便的人天之战,演出了中国佛教两千多年的一幕幕悲喜剧。正是因为存在这个问题,解决问题的大师也层出不穷。庐山慧远的山林佛教,明末四大高僧的振衰起弊,近代虚云、来果、印光、弘一对传统修持路线的坚守,都表明如何保持佛教出尘脱俗的主体性,历来是中国佛学家最为关心的根源性问题。

宋明时代,佛教逐渐走向衰微之路,继之而起的是儒家理学。居于劣势的佛教喊出"三教同源"的口号,试图把自己提高到和儒教同等的地位。明末四大师复兴佛教的努力,只能在三教一致、三教同源的理论框架下进行,佛教不能违背当时的主流意识形态儒教。云栖袾宏主张"儒佛相资",以为"儒与佛不相病而相资"(《竹窗二笔·儒佛交非》)。憨山德清说:"不知春秋,不能涉世;不知老庄,不能忘世;不参禅,不能出世。"又说:"孔、老即佛之化身也。"(《老子〈道德经〉解》卷首)东晋慧远敢于高举"沙门不敬王者"大旗,盛唐宗密的《华严原人论》把儒道二教作为人天教的前方便,而明末的佛学家已经失去了那时的阳刚之气。

从政教关系看,明朝开国皇帝朱元璋当过和尚,他对佛教的控制比外行还厉害。元代将寺庙分为禅寺、教寺、律寺。

朱元璋将天下寺院及僧人界划为禅、讲、教三类,允许给老百姓做经忏佛事的只是瑜伽教寺,且以政府的权威明码标价。这样一来,主流佛教的精华部分与民众的联系就被切断了。另外,唐宋时用变文、俗讲等通俗易懂的艺术形式面向民众的传教活动,此时亦受限制。寺庙举行讲经活动,必须报官备案。朱元璋借元末农民起义而上位,将来自波斯的摩尼教和具有净土教背景的白莲教作为其发动群众的宗教思想资源。靠农民起义起家的皇帝一旦获取了政权,绝对不能让民间有任何组织活动,所有影响政权稳定的因素,都将被扼杀在萌芽之中。虔信藏传佛教的清朝皇室,在制度上也对汉传佛教采取隔离政策:"僧道不得于市肆诵经托钵、陈说因果、敛聚金钱;违者惩责。"(《大清律例·礼律·亵渎神圣》)佛教在这样的政教环境下,与社会的联系被切断了,走向了衰亡的死胡同。

在宗教信仰、社会、文化三层圈中,中国传统佛教的组织规模一向是弱项,没法与基督教和伊斯兰教相比,处于一盘散沙状态。马克思在《路易·波拿巴的雾月十八日》中曾说法国农民就像一个个孤零零的"土豆",需要专制统治的麻袋把他们装起来。中国古代的寺庙也像一堆"土豆",由僧官制度这个"麻袋"进行管制。在以儒教为国教的中国宗法社会中,佛教从未形成统一的教会组织,成为国家体制之外的特殊组织。在传统的儒道佛三教格局中,佛教僧侣与儒教乡绅集团作为价值规范

第二讲　中国佛教之重建

和民众教化的主导力量,维系着传统社会的稳定发展。佛教的思想、礼仪和制度,只有通过依附世俗政权,作为儒教的合理补充,才能与社会民众发生关联。

中国近代社会的剧烈变革,带给佛教前所未有的转机。佛教要发展,原来孤零零的"土豆"就必须组织起来,否则没有出路。清末民初的庙产兴学风潮,宣告了佛教匍匐于封建王权和儒教之下的苟安局面之结束。民国二年(1913年),在上海留云寺成立的中国佛教总会,其办公地点设在静安寺。面对各地庙产兴学的风潮,本来一盘散沙的和尚抱团取暖,聚集起来保护庙产,从而推动了佛教在宗教思想和组织体制上进入自强、自立、自主的近代形态。

中国在救亡图存中融入世界文明体系。尽管有过民国初年"孔教会"试图恢复儒教为国教的复辟行为,但政教分离毕竟成为20世纪不可逆转的世界性潮流。佛教在儒道佛三教关系中作为附庸的屈辱地位已不复存在,而直接建立在社会之中。释迦牟尼成道在山林,而弘化的重点却在城镇。人群大量聚集的场所是都市,"都"是地域性的区域,"市"则是人群交换产品、交流思想的场所。在中国近代社会的变迁中,推动佛教社会化有两个契机。一是城市化打破了古代宗法性村社自治的社会结构,培育起现代市民社会结构。近代佛教的发展建立在刚培育起的市民社会之中,为摆脱政治的控制获得了坚实的社会基础。二是出现了一批具有世界性眼光的佛门领袖人物,自觉地将佛教的兴衰放在东西方文化和世界宗教格局中思考。

我们来看近代佛教复兴之父杨文会,他可说是中国佛教徒中走出国门看世界的第一人。他父亲与曾国藩是同科进士,曾国藩曾鼓励杨文会努力参加科举以图功名,杨文会竟然说自己怎么可能在异族手下讨功名!而当时,清朝统治中国已经快三百年了。对此,曾国藩也就是一笑了之。回溯到1866年,就在太平天国覆灭后的南京,杨文会看到一个非常震撼的现象:在一片废墟中,就有基督教传教士站在十字街头传播福音。但他没有看到有和尚在传播佛教。所以,他聚集一帮同志在北极阁成立基金会,毁家护教举办金陵刻经处。为筹措资金,他于1878年和1886年两次随曾纪泽、刘芝田出使英法等国,学习西洋先进的政治制度、经济管理和科学技术,采购仪器设备,并向朝廷上书建议派更多的年轻人出国留学。他在英国会见了近代宗教学创始人马克斯·缪勒(Friedrich Max Mülle)教授,接受先进的宗教学研究方法。他还与日本留学生南条文雄结下长期交流关系,帮助南条文雄编写佛藏目录,南条则把许多在中国已佚的佛经通过杨文会从日本反哺回中国。

杨文会具有国际性的眼光,把中国佛教的发展放在世界宗教的格局中考虑。1893年,创立"摩诃菩提会"的锡兰居士达摩波罗(Dhammapala),参加美国芝加哥世界宗教大会的回国

第二讲 中国佛教之重建

途中,在李提摩太(Timothy Richard)牧师的安排下,与杨文会在上海会面。达摩波罗致力于拯救印度佛教并把佛教传播到西方的热情和决心,感动了杨文会。1908年,杨文会收到达摩波罗来信——"约与共同复兴佛教,以弘布于世界"(《太虚大师年谱》)。要复兴印度佛教,首先要培养懂得梵文、巴利文等的人才。为了培养到国外讲经弘法的中国僧侣,杨文会于是年开办祇洹精舍。

祇洹精舍虽然举办不到两年,但从中走出了佛教复兴的领军人物太虚大师。杨文会的另一位继承者,就是后来主持金陵刻经处事业的欧阳渐居士。20世纪中国佛教最重大的事件,莫过于以太虚和欧阳渐为代表的佛教知识分子,对中国传统佛教的反省和批评。太虚提出了佛教三大革命,侧重在转"机"。就是说经是好的,但有些僧人把经念歪了,所以亟待转变弘教者根机。而欧阳渐更激进,除了念经人的问题,中国佛学传统的经典中也有"歪"的,所以他侧重于诘"理",要去伪存真,回归到纯正的印度佛学中。由此产生"人间佛教"和"批判佛学"这二种最主要的佛学思潮或佛教运动。支那内学院刚成立时,欧阳渐讲了两周《唯识抉择谈》,直指中国佛教有五大弊病,批判中国佛学的主流宗派禅宗、天台和华严,提出"自天台、贤首等宗兴盛而后,佛法之光愈晦"。他对中国佛学的批评引起了同门太虚大师的不安。太虚写信质问欧阳渐,问这到底是"正本清源"还是"摧墙倒屋"。这两位大师对传统佛教弊病的反思和对治方法,至今引人深思,无论是组织建制还是思想理论,都是跨世纪的研究课题。

在新的东西方宗教关系中,佛教面对组织能力和团契精神远高于自己的基督教,经太虚、印顺等人阐扬的"人间佛教"思想,为佛教从信仰层圈出发,契入社会、文化层圈,完成佛教的现代转向奠下了理论基础。陈荣捷在《现代中国的宗教趋势》一书中,称太虚为中国佛教的圣保罗。近代中国佛教前进的步伐,是与太虚法师的改革运动紧密结合在一起的。据《太虚法师年谱》宣统元年条记载,是年大师二十一岁,他在赠圆瑛法师诗中,抒发了相约当"末劫如来使"的志向。国运的衰弱与佛的衰败密切相关,唯革命才能救国,唯革新才能救教。民国二年(1913年)2月,在悼念因抗议庙产兴学而猝死北京的寄禅和尚的追悼会上,为挽救濒临死亡的中国佛教,太虚提出了三大革命口号,从思想、制度、经济三方面入手,以求得佛教的整体革新。

一是教理革命。以往的佛教,一为帝王以鬼神祸福做神道设教的工具,二为偏重死人和死后的生活,和尚以应赴经忏、荐亡为职业。太虚主张人生佛教,要发扬大乘自利利他的精神,以五戒十善为人生基本道德的善行,以此去改善国家政治、社会、经济。要注重现生问题,研究宇宙人生的实相,适应时代的潮流。

二是教制革命。以往的僧团带有封建宗法制的烙印,太虚认为辛亥革命后中国既然成立了共和立宪的国家,僧伽制度也必须进行适应时代的变革。他主张创办佛教大学,从学僧中选拔品学兼优者主持各地寺院,以避免帮派林立、等级森严的流弊。

三是教产革命。太虚大师主张寺院财产公有,不为少数住持独占。寺产应为供养有德长老、培养青年僧伽及兴办佛教各种教育之用。

太虚的三大革命,在我看来比较成功的是教理革命,太虚的人生佛教思想,经过印顺等人的发展,成为当今主流的人间佛教思想。太虚最不成功的是教产革命,因为涉及经济利益,所以他自己都好几次被从庙里赶出来。教制革命也未成功,他晚年在整理佛教会上遇到阻力,赍志而殁。

四、人间佛教及其进入主流社会的路径

中国是在民族危机中,被动地走上现代化道路的,故佛教的现代化转型具有强烈的经世致用倾向。以太虚和印顺为代表的佛教领袖人物,其佛教理念与救亡图存相关联,思考的是佛教能否进入主流社会。印顺在《中国佛教史略》中感叹:"昔日文化之为友为敌,唯儒与道;今则文化之新友新敌,将加入西

方之宗教、哲学、科学。"①人间佛教思想的产生,既受到基督教的刺激,也吸取了很多基督教的做法。佛教同时还要应对来自西方的科学主义、无神论和马克思主义。五四运动前后,中国佛教以强调世俗化和理性化为特点。到了20世纪80年代以后,佛教在复兴过程中面对世俗文化的强势介入,开始重新审视自己的主体地位。原本处于潜流的保守主义开始复兴,正本清源、返璞归真的潮流日益浮出水面,现在强调的是宗教的主体性与神圣性。

人间佛教,是本于内证的佛法在世间流布的表现形式,可用宗教三层圈的理论模型来分析。1.信仰核心。前面所述的证法,作为佛教修行悟道的本源,这是佛教不共于世俗社会的神圣性。2.社会层圈。佛教存在于社会中,与经济和政治各方面发生联系。3.文化层圈。以音声形象作佛事,将佛教的神圣意义通过各种文化载体而表现。按照"从宗出教"的路径,人间佛教主要是进入社会层圈与文化层圈中发挥作用,故既要契理,又要契机。不变谓之契理,即追求真实、究竟解脱,"化人间"是佛教之体。可变谓之契机,在人间行菩萨道,"人间化"是佛教之用。

用苹果的剖面来图示宗教三层圈:果核是信仰核心,果肉

---

① 印顺、妙钦编:《中国佛教史略》,正闻学社1947年版。

第二讲 中国佛教之重建

是社会层圈,果皮是文化层圈。佛教的证法,其核心精神在于批判,其使命是化世导俗。那么人间佛教就展现为金字塔形的结构,具有社会适应、社会关怀、社会批判三个递次向上的层面。批判是体,适应是用。开佛知见,使人间佛教化,这是佛教化世导俗的目的。佛教的人间化、现代化、生活化是佛教传播的手段。这三个层面的体用关系不能偏废。不契机,佛教没法发展;不契理,佛教就发生异化,成了"小资"佛学、"土豪"佛学、"鸡汤"佛学。

人间佛教运动自始至终贯穿着批判与适应这一主线。对人间佛教的不同阐释及发展阶段,则与时局变迁中的"此时、此地、此人"相关。人间佛教运动使中国佛教走上现代化道路,还使中国佛教在教会组织、社会运动和文化事业上进入了多元化的快速发展轨道。若以时间做区划,在1949年之前的整个中国佛教,人间佛教思想尚处于"社会适应"阶段:面对社会的现代化转型、科学与理性精神、西学与基督教、无神论与马克思主义、工商阶级与市民社会,佛教在思想和制度上进行了一系列的调适。我曾经翻阅过20世纪三四十年代的一些论文目录,佛法与相对论、佛法与量子力学,这些题目都很时髦,似乎佛学思想只有经过现代科学的论证,才能获得社会存在的合法性。

上海在1949年以前,可说占据了近代佛教的半壁江山。1912年在上海成立的中华佛教总会在政教关系上是一划时代的创举,建立了全然不同于古代僧官制度的独立佛教组织。1918年在上海成立的世界居士林也是教制史上的创举,使佛教走出寺庙的局限,进入社会各个阶层。古代虽然有义邑、法社等组织,但与寺僧紧密联系。而居士林是独立的在家人组织。1929年建立股份制的上海佛学书局后,不久又在无线电台首创佛学广播节目,每天有四个波段在讲佛经,上海佛教对现代科学技术和经营方式表现了惊人的敏锐。1946年成立的上海佛教青年会,显然是对基督教争取青年一代的回应,可惜在20世纪50年代初被取缔。2006年我提交首届世界佛教论坛的论文《佛教教育的目的、方法及前瞻——以〈维摩经〉为例》,在一个脚注中建议恢复佛教青年会。社会发展了,佛教的组织和传播方式必须与时俱进。

我们再看中国台湾地区人间佛教所处的阶段。1987年7月15日之前的戒严时期,人间佛教虽以"社会适应"为主,即服从于国民党当局的政治需要,但开始向"社会关怀"阶段发展。佛教作为独立的非政府组织的作用日益突现,以慈济功德会为代表的社会利生事业,以佛光山和法鼓山为代表的文化教育和弘化活动,默默无闻地从草根做起,开始扭转台湾地区的宗教生态。1987年7月15日之后,台湾地区的人间佛教以"社会关怀"为基调,并进入实践"社会批判"的阶段。在此,也呼吁祖国大陆的佛教界不能光停留在适应社会阶段,更应该关怀社

第二讲 中国佛教之重建

会,承担起不可推卸的社会责任。社会关怀包括哪些内容呢?比如,开办养老院、临终关怀、环境保护等社会事业。前几年湖北省黄石市政府有关部门,要在东方山建立药师佛道场。我对有关部门说在华中地区建立东方药师佛道场,不能仅仅靠东方山这个地名,还需要弘扬慈悲济世的精神,建议从网络平价药房起步,学习台湾慈济的经验。台湾慈济从举办慈济医院和护理学校开始,发展为慈济医学院,扩充为现在的慈济大学。只有关怀社会,关心民生问题,人民群众才会关心和护持佛教。

在台湾地区,从慈善机构、医院到佛教大学,佛教的社会活动和组织动员能力足以与基督教相媲美。佛教的报刊、电台、电视和通俗演讲会遍布全社会,佛教的社会地位和文化品位达到历史上前所未有的高度。出家人以本身的学术实力进入大学任教,亦成为寻常之事。用佛学论文奖学金、佛学夏令营和学生佛学社团等形式,佛教形成了与社会之间的良性互动,不仅提升了整个教团的信仰、组织和文化水准,亦推动了现代佛学思想的形成和发展。当前中国台湾地区的佛教作为强势宗教,在全世界的宗教版图上让人刮目相看。在20世纪上半叶,基督教的重心在欧美和大洋洲等发达国家。到20世纪下半叶以后,发展中国家的基督徒占了多数,20世纪80年代以后亚洲发展最快,尤其是在中国大陆,基督徒呈几十倍的增长。但恰恰是在中国台湾地区,佛教后来居上,影响力远远超过基督

39

教。这值得我们的深思。

我曾与台湾地区佛教几个大道场的掌门讨论过这个问题,认为把台湾地区佛教的模式照搬到大陆是不太可能的。面对台湾地区佛教的成绩,我曾对大陆一些年轻法师说,不要光羡慕人家"果地"上的成就,而要学他们在"因地"上的努力。比方说佛光山,你们要多看他们几十年前在台湾北部宜兰的草创阶段,尤其是他们在乡间小道上骑着自行车送歌下乡,开办农民夜校,教民众读佛经,唱佛教歌曲。

在物质主义盛行的现代社会,佛教思想有着巨大的对治作用。佛教包摄信仰、社会、文化三层环圈,要真正落实人间佛教的宗旨,就必须进入主流社会,以提升社会对佛教智慧的认知,发挥佛教思想化世导俗的社会功能。我在二十多年前提出:"重建主体,改善环境;收缩核心,扩展外延。"以下引用《维摩经》经文来说明。

"重建主体、收缩核心",即以大乘菩萨道的六度,确立佛教的主体性和神圣性,并运用统一教会的权威促成四众弟子对高僧大德的向心力:"资财无量,摄诸贫民;奉戒清净,摄诸毁禁;以忍调行,摄诸恚怒;以大精进,摄诸懈怠;一心禅寂,摄诸乱意;以决定慧,摄诸无智"。

"改善环境、扩展外延",即按照佛教事业的需要,从信仰层圈出发,向社会层圈和文化层圈拓展,进行多层次、多角度的弘扬传播,与世界上各种思想体系进行对话:"……受诸异道,不毁正信。虽明世典,常乐佛法……",所谓"改善环境、扩展外延",还要走上街头,参与社会、政治、经济、教育、文化等方面的生活,"游诸四衢,饶益众生;入治政法,救护一切;入讲论处,导以大乘;入诸学堂,诱开童蒙"。

进入佛教核心层的僧才在精不在多,必须是社会精英,才能摄受大众,而外延越大越好。我曾经打过一个比方:出家人是红花,居士是绿叶,佛教爱好者和研究者则是草地。佛学者要"君子素其位而行",要在当今的文化生活中,多种点树、植点草,以此改善佛教健康发展的环境,护持真正的红花绿叶,帮忙而不帮闲,随缘而不攀缘。

佛教的围墙困境,说明教内教外存在诸多滞碍,为各界有识之士所痛心疾首。按照中医理论,不通则痛,通则不痛。虽然问题涛声依旧,但解决问题的人已经成长起来。在社会转型过程中,如何从不通到通,可从六个方面来谈。

一是政教关系,强调佛教的主体意识。佛教在社会中的地位,不仅仅是单纯强调佛教要与社会主义社会相适应,而且是强调佛教的主体意识,回到佛教了生脱死、弘法利生的宗教本位上。如果说在20世纪的八九十年代,佛教界和学术界的这种观念还是不常见诸公开报道的微弱诉求,那么到了世纪之交,强化佛教的宗教品格和宗教归属感,不仅是佛教界自身的要求,也成为政府宗教管理部门的施政理念。我们作为这三十多年佛教发展的见证者,也看到了可喜的变化。1987年4月23日,中国佛教文化研究所成立,梁漱溟先生作为特约研究员讲话,提出佛教根本上就是两句话,一是三世因果,二是菩萨精神。他说:"我今天告诉大家,我是一个佛教徒,我以前没有告诉别人,怕人家笑话,现在我要说,一个人有前生,有今生,有来生,我的前生是一个和尚,是一个禅宗的和尚。"这在当时可谓石破天惊!我在20世纪90年代初,针对"宗教搭台、经济唱戏"的口号,在很多场合强调,要坚持以觉悟成佛为中心,以缘起论和业力论为基础。缘起论是佛教不共于其他宗教和哲学派别的哲学基础;业力论是建立在缘起论基础上的人生观基石。现在强调宗教本怀,已经不仅仅是宗教界和学者的诉求。政府也希望佛教成为中国传统文化的坚强堡垒。在信仰层圈,汉传佛教的一批少壮力量,借鉴藏传和南传的修学体系,正在探索修学次第,重建制度和礼仪体系。由此从体达用,为人间佛教在社会的弘扬,打下比较坚实的基础。

二是学术与信仰的划界与合作。20世纪八九十年代,在废墟中复兴的佛教界和学术界抱团取暖,为共同的命运而亲密合作,现在应该多考虑学术与信仰各有边际。面对学术、信仰与政治之间的张力,关键在于从什么样的视角进入。丰子恺是佛教居士,但他为复旦大学谱曲的校歌,旗帜鲜明地在学术、宗

第二讲 中国佛教之重建

教与政治三者关系中,确立大学的独立地位:"学术独立,思想自由,政罗教网无羁绊。"这不就是三王主义的艺术化表述吗?大学的本位就是学术独立、思想自由。只有独立不倚的宗教学研究,才能推动宗教的健康发展。信仰与学术虽然要保持一定的距离,但依然有交集之处,有共同探索的方向。证法,归结到信仰;教法,则与学术相通。现在佛弟子对佛经的解释系统,其实都是用比量的形式诠释内在觉悟的现量内容。佛教界既然要进入学术领域,那就只能用与学术界共许的规则,而悬置信仰层面的东西。为信仰与学术划界,并不等于设置新的围墙。正如《金刚经》所说:"一切贤圣皆以无为法而有差别。"在政治、学术、宗教的不同界别之上,有着更为超越、更为上位的境界。我把它表述为:"社会的祥和、国家的统一、世界的和平、人类的进步。"这是宗教、学术、政府都共许的,我们大家求同存异,为了共许的目标一起努力,做出各自的贡献。

三是继承传统与适应现代社会。继承的是不变的"理",适应的是可变的"机"。这里有一个体用不二的关系。体,是定慧一体的禅,即太虚特别强调的"中国佛学的特质在禅",是从道安、慧远一路开创的中国佛学的主流。用,是引领生活、化民易俗。化中国、化现代、化生活,是人间佛教的目的和根本;中国化、现代化、生活化,这是人间佛教的路径和方便。怎么依"体"起"用"呢?两句口号:觉悟人生,奉献人生。觉悟人生是智慧,奉献人生是慈悲。现在要弘扬的是佛教的核心价值,即智慧和慈悲。将传统佛教一整套戒定慧的修行方式,依法如律地传承弘扬。21世纪要把佛教的发展放在高素质的平信徒基础上。原来单极的寺院佛教,已经呈现出多元发展的趋势,这促进了中国佛教的平民化、公益化、制度化、国际化。这样势必要从原来狭隘的僧团意识,扩展为更为宽泛的教团意识。

四是在家与出家和合的教团建设。在组织制度上,明确佛教团体作为非政府组织的定位,成为越来越多有识之士的共识。社会对佛教的需求,使佛教的传播和教育,冲破了原来仅面向信徒的政策局限。1949年,汉地寺庙大大小小有5万多所,出家僧尼约50万人,到"文化大革命"前的1965年,僧尼不到1万人,寺庙不到6000所,而剩下的寺庙和僧尼也在"文化大革命"中几乎被摧毁。在我毕业留校开始教授佛教课程的1985年,上海就几所寺庙,初一十五对信徒开放,平时只接待外宾。到2015年为止,全上海的寺庙有100多所。现在面向社会各种形式的佛教教育蓬勃展开,改善和优化了佛教存在的社会环境。我们要强调教团意识,不要把佛教窄化为仅限于僧团。像生活禅夏令营,就是在山林佛教与都市佛教、教团建设与社会弘化之间进行良性互动的有力尝试。

五是大众佛教与精英佛教的三根普被。我们没有理由以精英自居,轻视大众佛教和民俗佛教。马克思曾讲过,如果要

第二讲 中国佛教之重建

按照精通神学的标准来衡量,那么全世界就找不出几个基督徒了。我母亲皈依明旸法师,但也只是不断收到通知去参加法会而已。母亲即便在患癌症的情况下,也舍不得用我给她的打车钱,而是从市中心徒步走到龙华寺。我只是在母亲弥留之际,在病床前给她讲了《心经》和《阿弥陀经》。佛教就是靠这么广大的信众,撑起了佛学研究的一片天。精英佛教有责任提升民众的佛教水平,不要孤芳自赏。生活禅是人间佛教的一种表现形式,也是佛教在当代中国随缘传播的有效方式。一种好的理论,必须能摄受最广大的人群,使他们在生活中提升心灵。禅是定慧一体的,提升我们的心灵境界,同时也使我们能够活得更自在。这样一种在生活当中修行,在修行当中提升生活的理论和实践,其辐射范围是最广大的。

六是佛教发展中契理与契机的统一。佛教要走出一条新路,必须根据自己的主客观条件,善巧地处理世出世间的矛盾,使佛法真正在世间传播。佛法有四种成就众生的方法:1. 世界悉檀,即用众生喜闻乐见的方式去传播,让众生在现实生活中得到受用。2. 对治悉檀,即进了佛门以后,一步步对治造成你种种痛苦的烦恼。3. 各各为人悉檀,即根据各自根机与能力,而说各种各样的菩萨善法。4. 第一义悉檀,即最高真理。契理是不变,契机是随缘。懂得原理,但不看对象,不掌握方式方法,高深的道理没法传播,就陷入了教条主义。但如果太随

45

顺众生，把佛法稀释为小清新式的心灵鸡汤或"小资佛学"，或者装神弄鬼、渲染怪力乱神，那就背离了真理。学术界有责任在义学和宗教社会学等层面针砭时弊，提升整个佛学水平，而掌握契理与契机的统一是必须的。

总之，佛教正常的发展应该是吸引精英进入核心，变态的情形是不断人才外流，造成佛教的空心化、世俗化、边缘化。佛教作为社会实体和文化传统，已然进入公共领域，政教商学各界面对佛教，各就各位，既不越位，也不缺位。学界推动义学发展，正当其时！对初学者来说，以证法作为佛法真理的根源和终极归宿，故排除对神秘主义和信仰主义的迷信，唯真理是从。以善知识为引导，以了义经论为闻思智慧的教材。按照佛法真俗不二、理事兼通的方法论，随顺佛教在人间传播的时节因缘，明白自己在佛教三大层圈中的角色，以"君子素其位而行"的姿态，推动身心提升、佛教发展和社会进步的事业。

* 本文讲于复旦大学宗教学系举办的"中国宗教暑期班"（2015年8月21日），根据朱明川同学记录稿修订。收入本书时，有适当删改。

第三讲　心净则国土净
——佛教哲学与生态环境

引　　言

　　这次复旦师生到灵山游学,严格意义上应该是一个动员会。一方面,"佛教与环保"这个课题是禅学会2008年的一个工作重心;另一方面,这是为下半年即将在无锡灵山举行的第二届世界佛教论坛,先做的小范围讨论尝试。为什么要注意环境问题?这一点恐怕无锡人是深有体会的。两年多前应邀去常熟新锦江印染公司做报告,途经太湖时曾拍下一张蓝藻初起的照片。早在2007年蓝藻爆发前,太湖的水质就已相当恶化。江南水乡本来是美丽如画,"美就美在太湖水",但如今却爆发了大规模的环境污染事件,更不用提中国其他地方了。地球环境逐渐恶化的同时,资源也在日益匮乏。我们今年年初去印度和尼泊尔游学的时候,曾经遇到过汽车排几里长队等待加油的场面。也许不久以后,我们也会出现相似的情景。

地球的环境日益恶化,资源日益匮乏。佛教哲学讲"境由心造",即外境是由内心所决定、所变现,而人类所面对的依报世界(环境),由人类的共业造成。因此,要改变我们的生存环境,也就必须从改变我们的内心开始。在这一方面,佛教无疑能为当代环境哲学和环保事业提供丰富的思想资源和实践经验。这也就是"心净则国土净"的含义。如何在被消费主义的生产方式和生活方式所迷失的当代人心中,提升心灵境界和社会责任感,世界佛教徒和佛教学者责无旁贷。

一、"地球村"与当代环境哲学

(一)"阿波罗号"登月与"地球村"观念

20世纪50年代,中国的状况是"一穷二白"。"白"的优点在于,一张白纸可以画最新最美的图画,可以写最新最美的文字。当时人们对发展大工业繁荣景象的憧憬,就是到处都是高高的大烟囱,浓烟好比如椽大笔在蓝天画画,以为这就是现代化的标志。

一直到了20世纪60年代,地球人才真正开始有了环保观念。尤其是1969年夏天的"阿波罗号"登月,美国飞船指令长阿姆斯特朗站在月球上对人类说,我们的地球在宇宙中如同一颗蔚蓝色的乒乓球,是那么的宁静、安祥而又脆弱。从此,人们开始对地球产生了一种呵护感,而不再仅仅像过去那样,视之为取之不竭、用之不尽的大地母亲了。换言之,"阿波罗号"登月使人类摆脱了以往坐井观天的视角,从天上俯瞰我们大地,开始有了地球村的观念。我们只有一个地球,我们都是地球村的村民,村民之间应该互相关怀。以这样的观念来看待我们生存的世界,环境哲学开始进入人们的视域。

(二) 从"万物之灵"到"万物之零"

20世纪60年代之后,人类开始关注并反思人类行为所造成的恶果。美国有个长期关注环保问题的学者蕾切尔·卡逊(Rachel Carson)写过一本《寂静的春天》,因致力于推动环保事业而获得"诺贝尔和平奖"的美国前副总统戈尔,也为此书写过序。春天本是百花盛开、百鸟朝鸣的时节,但当鸟没有了,花也凋零了,那么这个"寂静的春天"(也可以翻译为"死寂的春天")将是一个多么可怕的景象!而这恰恰是我们人类活动造成的恶果。过去,人类总是自诩为"万物之灵",西方人如此,东方人也一样。甚至可以说,在西方,对环境的侵略思维深入人心,认为科技万能,为了自己的发展,可以向自然索取一切。于是为了夺取资源,国与国之间钩心斗角、战争四起。如果说,各国在20世纪是为了争夺石油而战,那么21世纪就有可能将会为了争夺水源而战。

2008年初去印度、尼泊尔参访佛教圣迹时,我曾建议团友考虑一下发展到底是为了什么,怎样才是正确的发展观。也许,当我们看到那里落后肮脏而又狭窄的街道,邋遢茫然而又懒散的民众时,会觉得与物质文明发达的文明人有相当大的距离。但我们是否也应该反躬自省一下,在现代社会的忙忙碌碌中,我们还有多少祥和淡定的心态,眼睛中是否还有如蓝天般清澈的眼神。物质文化创造的过程,对人类来讲也许是一个"文明化"的过程,但对万物和环境来讲,其实就是一个赤裸裸的"野蛮化"过程。人类物质文明的进步,是以对环境的破坏作为代价的,而"野蛮化"的过程反过来又影响了人类自身的安危。各种生态反弹,是自然界对我们人类不当行为的报复。这使人类意识到以前自诩的所谓"万物之灵",极有可能变成"万物之零",走向毁灭。

这里我想引用一些2003年的统计资料,虽然过时,至少可以说明自然环境的严峻局面。中国淡水资源按人均占有量在全世界排109位,人均占有量只有世界人均水平的1/4。中国是一个缺水大国,被联合国列为全世界13个贫水国之一。全国600多座城市中,有400多座城市缺水,其中100多座城市严重缺水,日缺水1 600万吨。我国尚有3.6亿农村人口喝不上符合卫生标准的水,每年因缺水造成的经济损失达2 000亿元。全国污水废水排放量为460亿吨,其中工业废水占46.2%,超过环境容量的80%以上。中国七大江河水系

40.9％是"丧失水功能"的劣五类水质,75％的湖泊出现不同程度的富营养化。全国31个省区市中,人均耕地低于0.8亩警戒线的已有6个,根据自然资源部的预测,到2030年我国人均耕地占有量又将减少1/4。

人类的毫无节制和贪婪愚昧,会直接威胁到我们的生存。以上数据表明中国的环境问题已迫在眉睫。今年生态环境部的升格,表明中央政府对环境问题的高度重视。生态危机,已经不仅仅是物质层面的科学与经济发展的问题,它也涉及人的精神生活。必须重视精神的力量,以对治过度重视物欲的弊病。

(三)"宗教的绿化"

环境人类学家泰勒(Paul W. Taylor)提倡生命中心主义(biocentrism)及生态平等主义(ecological egalitarianism),特别强调了宗教的重要性。他说:"世界上的各大宗教,不管是一神的还是多神的信仰,都按照上帝或神明的启示或训令,叫人类爱护关怀世界上的一切野外生物,这在伦理中的理想世界是完全可能的。尤其是在宗教的一种神秘主义当中,把人类理智的最高状态,理解为与自然世界共在的境界,也与尊重自然的道德态度相协调。"[1]按照麦克斯·缪勒的说法,世界上各大

---

[1] Paul W. Taylor: *Respect for Nature: A Theory of Environmental Ethics*, Princeton: Princeton University Press, 2011: 309.

宗教有三大河系——闪米特河系、印度河系和中国河系。而泰勒提到的神秘主义,主要指东方神秘主义,特别指佛教,即能体验到万物一体、心与环境保持高度和谐境界的宗教。

自20世纪六七十年代开始,宗教界对环境伦理的讨论,被一些学者称为"宗教的绿化"(Greening of Religion)。环保成为不同宗教所共同关心的课题。很多宗教人士尝试重新在生态关怀的亮光下,检验乃至重构各自的宗教传统。起步较早也是做得较好的,恰恰是基督教,包括率先讨论宗教对话问题。

(四)基督教世界的反省及"生态神学"

环保问题在原来较偏向宗教压迫、宗教冲突的基督教世界里首先得到了反省,以期从根源上进行救治。罗马俱乐部主席奥尔利欧·佩奇(Aurelio Peccei)就曾反省人们在活动中的短视性,他说"人们在从各个方面使用科学论证的同时,却疏忽了唯一能够不断起协调作用的哲学、伦理和信仰。……其中最重要的一点就是我们当代人已经丢掉了的整体感,这是一种严重的倒退,……现代社会应该恢复这种观念"。现在,政府提出"科学发展观",即在物质、社会和精神层面,要整体协调发展。当今社会存在过分片面强调物质生活和科学的倾向,而真正在整体层面起协调作用的,是哲学、伦理等。这些方面受到忽视、排斥,没有得到应有的发展,应该引发思考。

第三讲　心净则国土净

美国史学家怀特（Lynn White JR.），在《生态危机的历史根源》一文中指出："按照犹太-基督宗教的一神论传统，上帝是神圣的，人是按照上帝的形象而造，被上帝赋予了主宰自然的权力，其他生物是为人而造，人可以任意对待自然，甚至运用所领受的生杀大权对自然随意宰割。因此基督宗教可说是西方社会出现生态危机的历史根源之一"[1]。这是基督教世界对他们自己宗教传统的反省和反思。正如孔子所说"知耻近乎勇"，基督教知道了西方物质文明大大推动了人类进程与发展，但也造成严重的环境危机。所以最早警醒的是西方，基督教也最早做了改革，神学思想有了重大的进步，如妇女神学、政治神学、生态神学……都是20世纪后，面对人类新的问题，在神学思想上的研究与表达。

生态神学是20世纪60年代开始崛兴的一个神学运动。其先驱者薛特拉1961年呼吁：要正视"宇宙性的拯救"，神学上更要发展出"与大地相关的基督论"。1963年北美开始成立"信仰-人-大自然小组"（Faith-Man-Nature Group），对生态神学进行了有组织的研讨。生态的神学性论述，绝大部分并非一种单纯的对基督宗教的传统的批判与否定，而是努力地尝试在

---

[1] 林恩·怀特、汤艳梅：《生态危机的历史根源》，《都市文化研究》2010年，第82—91页。

基督教的传统中挖掘资源并加以发挥,强调上帝、人类和自然的相互关系,世界属于上帝,自然是神圣的,讲述人的灵植根于自然界,渴慕上帝在自然界的临在,追求在大自然中过乐天知命的生活。[1]

当今世界,是对话与发展的时代。对话,意味着各种世俗思想和宗教之间,在求同存异的前提下,相互尊重,取长补短。发展,意味着用悲天悯人的宗教情操和高瞻远瞩的人文关怀,谋求功在子孙万代的可持续发展。对环保的关注,引发了一些西方学者对传统西方宗教的质疑,从而转向东方宗教,来尝试重新解读亚洲宗教传统,并提出其中的生态智慧。这样就形成了一种"绿色东方主义"(Green Orientalism)。

二、佛教环保思想的理论基础

(一)环保是佛教化世导俗的最好契入点

在东方国家,尤其是中国,佛教的环保研究起步较晚,相对落后。2002年8月初,第二届青年佛教徒演讲比赛在普陀山召开,主题为"佛教与环保"。在做大会总结发言时,我曾经提

---

[1] 赖品超:《宗教与生态关怀》,《江海学刊》2002年第3期。

第三讲 心净则国土净

出,环保是佛教面向社会,提升人们心灵境界的一个重要课题。环境保护,这一全人类共同面临的生死存亡的大问题,就成为佛教化世导俗的最好契入点,即既契理,又契机。

所谓契理,指佛教的超越性格和批判精神,能对当代环境哲学和环保实践提供最丰富的思想资源。佛教的超越性格,即它的宗教性和主体性。宗教比之于经济与政治,具有超越性与普适性。在苦集灭道四谛中,苦谛是认识佛教的前提。所谓"知苦",就是用一种批判而又冷静的眼光,来观察这个社会,审视社会中的种种缺陷,探索其背后的原因。佛陀的创教就建立在对社会批判的思想之上。如针对不合理的四种姓制,佛教提出众生平等——社会批判;针对婆罗门教的神创论及各种沙门思潮中"宿命论""怀疑论"等种种错误的思想谬见,佛教提出缘起论——思想批判。然后,佛教把一切社会批判、思想批判,引向贪、嗔、痴三大根本烦恼——归结到对人心的批判。

所谓契机,就是中国改革开放以来,人间佛教的理论与实践,从社会适应层面发展到社会关怀层面。我曾把人间佛教划分为三个层面和阶段:初级阶段是社会适应,但只是强调适应,就无法彰显佛法的主体性,也无法彰显佛陀的创教本怀;其次是社会关怀,我们现在就已经进入了这一阶段;更高的层面即社会批判,还有待时日。如何正确处理人间佛教的三个层面之关系,要靠佛教真谛与俗谛相即不二的二谛论智慧。真谛是出世的智慧,俗谛是入世的智慧,出世是超越,入世是关怀,也就是"出淤泥而不染"的中道智慧。

(二)从缘起论和业力论推出的两组基本原理

"七佛通戒偈"是佛教最根本的教义基础:"诸恶莫做,众善奉行,自净其意,是诸佛教"。这里面最重要的是"自净其意",就是从"心"开始的个人修行和社会变革。佛教哲学的两大支柱为缘起论和业力论,两者都是对宇宙人生的真相及发展运动的解释。缘起论是佛教的哲学基础;业力论是佛教的道德支柱。缘起论是对业力轮转的哲学慧解,而业力论的三世轮回、因果报应这一套人生观准则,又建立在缘起性空的哲学基础之上。换言之,这两者在理论上是空有不二,在实践上是悲智双运,在方法上则生发出佛教的中道智慧。我们牢牢地把握住这两点,基本就不会偏离方向。

从缘起论推出"普遍联系"和"性空无我"两个基本原理。我们先说"普遍联系"。据说,马胜比丘在回答舍利弗之问时,概说释迦牟尼的教导:"诸法因缘生,诸法因缘灭,我佛大沙门,常做如是说。"这被后人称为"法身舍利偈",也是缘起论的经典表述,说明法不孤起,待缘而生,如因陀罗网中的珠子,千灯互照、光光交彻。1999年初发起的中国佛教信息网会议,在向赵朴老汇报这个问题时,他问:"什么是因特网。"我说:"就好比佛

第三讲 心净则国土净

教所说因陀罗网。"赵朴老当场就讲出了"千灯互照、光光交彻"这一个典故。唐代法藏大师对武则天讲《华严经》"法界缘起"这一原理,在大殿中安放十面镜子,点起一千盏灯,这种交相映射的境界,像满天繁星一样无边无际、无穷无尽。所以按照这个原理,世界上每一件事物都不是孤独的,在江河源头所投的污水,经过大自然的循环,迟早有一天又会回到我们身上。世界上万事万物都是普遍联系的:南美洲热带雨林的消失,同中华民族的命运息息相关;非洲的饥饿同我们未来的和平也是息息相关。不要以为其他国家发生的事情和我们没有关系,一个地球村的观念再一次证明了佛教万法缘起的普遍性。

从缘起论必然推出"性空无我"的结论。无我,就是否定有独立的精神主宰"我"的存在。在佛教看来,当今人类所有的问题都是由于自我中心主义所导致。在本来相互缘起的世界中,偏执于以我为中心、以我的家庭为中心、以我这个民族国家为中心,都是"我执"的表现。只有无我论,才能破除人类的自我中心主义,以如实的心态对待自我和世界。

业力论以缘起论为哲学基础,并注入价值论的因素,偏重于生命主体的升进和精神生活的升华,由此构成佛教人生观和道德自律的基础。业,是有意志、意识的行为。此行为能带来相应的后果。也就是说,众生善恶染净的行为,按照因果律而产生相应的果报。由此引出两对范畴：正报和依报、别业和共业。从天堂到地狱的六道众生，是造了一定的业，而形成相应的生命主体，这是正报；每一层级生命的主体，形成相应的生存环境，即依报。依报由正报所决定，有什么样的生命主体，就有相应的生存环境。每个生命个体所造的业是别业，共业是社会群体共同所造的业。

从缘起性空的终极层面来看，业力论推出两个重要原理：依正不二和自他同体。但从自净其意的实践层面来看，业以思（意志）为体，即在环境与生命主体的依正关系上，强调心的主观能动性。在生命个体与群体的自他关系上，大乘菩萨以他为自，故形成无缘大慈、同体大悲的慈悲思想和行为。就个体而言，心的染净趋向决定了行为的善恶，从而产生相应的苦乐后果。就个体与社会的关系而言，个人的别业与众生的共业休戚与共。就众生与世界的关系而言，主体的正报与环境的依报息息相关。业力论既解释了人生痛苦的根本原因，也为解脱痛苦提供了意志自由的依据。而正报与依报、共业与别业的辩证关系，则为佛教改造世界、改造社会提供了哲学依据。

（三）从"心物一元"到"从心开始"

我们从佛教教义的两个基本点出发，推导出两组可以与环保思想相契的基本原理：普遍联系、性空无我和依正不二、

第三讲　心净则国土净

自他同体。这两组基本原理,也就是智慧与慈悲两轮,而连结悲智两轮的主轴是"心"。如《华严经》所说:"应观法界性,一切唯心造。"在本体意义上,心与物无所谓谁先谁后,佛法认为心物一元,心物不二。但在实践层面上,佛法肯定心的能动作用。

在佛教哲学中,关于"心",可以分析为四个层面的问题:

1. 心-身关系、心-境关系,指心的心理作用、认识能力和内在结构,引出境由心造的命题。

2. 心-染净关系,指心的污染与清净,善与恶,引入伦理价值的因素,解释了生命流转的原因,提供了解脱实践的依据。

3. 心与众生、社会、国土的关系,即正报与依报、共业与别业的辩证不二关系。从这个关系中必然导致菩萨拯救众生的精神,以及人间佛教的理论前提。菩萨,意为觉有情,使一切众生皆能得到解脱。慈能与乐,悲能拔苦——佛教的慈悲精神,不仅是情感的无限扩大,还是理性的自觉抉择。慈悲,中国台湾地区的慈济人把它概括为"大爱",伟大的爱。在缘起论的基础上,慈悲展开为无缘大慈、同体大悲。无缘,即无条件的慈悲,也就是《金刚经》中所说的三轮体空、无相布施,不住我相、人相、众生相、寿者相。佛教的慈悲,一定是建立在毕竟空的基础上,无条件地爱。同体,就像《维摩经》所说,"以一切众生病,是故我病。"以同体大悲的精神,我们对众生的苦感同身受。

黄河在"流血",长江要断流,我们再也不能坐视不顾。宋代哲学家张载在《西铭》中提及:"民,吾同胞;物,吾与也。"老百姓是我的同胞,世界上的草木大地都是我的朋友。这个"民胞物与"与"同体大悲"意义相仿。总之,悲智不可分离,是谓悲智双运。

4. 心与佛、法界、终极存在的关系。这是处理世、出世间关系的理论依据和方法论。在终极的层面,给众生的解脱和环境的清净,找到了穷源彻底的依据。通常我们会认为现实世界是一个五浊恶世,充满了黑暗与痛苦,故向往光明清净的彼岸佛土。舍离此世,追逐彼世,这是小乘的出离思想,是一种逃离。而大乘的出世间是"即世间而出世间"。换言之,世间与出世间好比"阴阳鱼",你中有我,我中有你,二者不是截然割裂,是"相即不二"的关系。我们要建设一个清净的国土,就是在这个污秽的世界当中,发掘每个人心中所具的光明觉心,以庄严国土,利乐有情。

通过上述分析,可知心是实践的枢纽:纵向展开为以成佛为中心的向上途径;横向展开为心与众生及环境的关系。"从心开始"这个命题,在哲学上的革命意义不言自喻,恰可对治当前物欲横流的"时代病",也是佛教教义对于环境问题最具可操作性的实践依据。始,是含目标于过程之内,具有实践和向上之义。如"始士",指菩萨之异译。始,发心之谓也。"始觉",即经过后天之发心修行,次第生起断惑之智,断破无明,归返本觉清净之体性。落实到环境哲学上,环境既是"心"认识和活动的对象,又是"心"变革和改造的对象。

一切唯心造,说明造成今天环境污染和生态危机的根源。唯心能转物,这是佛教推行环保事业的实践基础。心净国土净,这是佛教在人间创建净土的理想目标。

(四)《维摩经》与《阿含经》的经证

我们刚才从佛教基本教义做了理论上的推导,提出从心开始、心能转物的理论基础。现在再引述几段经文,分析经典上的依据。

> 诸比丘!当善思惟观察于心。所以者何?长夜心为贪欲所染,嗔恚、愚痴所染故。比丘!心恼故众生恼,心净故众生净。(《杂阿含经》第267经)

从经文上看,"心净国土净"的思想并非《维摩经》的独创,其与早期的《阿含经》是一脉相承的。心净,要净化什么?这就归结到人心中最阴暗的层面——贪、嗔、痴,这是生命痛苦和世界动荡不安的总根源。具体来说,贪欲是自私的根源,导致对他人和自然的掠夺;嗔恚是仇恨的根源,导致冲突与战争;愚痴是认识不清宇宙人生的真相。

> 若菩萨欲得净土,当净其心,随其心净,则佛土

净。(《维摩经·佛国品》)

对这段著名的经文,人们的解读见仁见智,也引发不少争论。比如台湾大学哲学系杨惠南教授,早在《当代台湾佛教环保理念的省思——以"预约人间净土"和"心灵环保"为例》一文中,对慈济功德会的"预约人间净土"以及法鼓山的"心灵环保",进行了理论上的反思。他认为:两者都偏向于垃圾回收和种树种草,却并没有触及影响台湾地区环境的两大污染源,那就是资本家所开设的工厂,以及与资本家利益相勾结的相关管理部门。若从环保理念的建立方面,杨惠南认为慈济与法鼓山两者都有重"(内)心"轻"(外)境"的倾向。[1] 也就是说,两者都偏于"心理垃圾"(贪、嗔、痴等烦恼)的去除,却忽略了外在世界之真正垃圾,如土地污染、河川污染、空气污染、核能污染等,对"境"的方面的防治与清理。因此,为了对治曲解《维摩经》中"随其心净,则佛土净"经义的偏差,我们必须建立一个强调"境"清净或"器世间"清净的佛教生态学。

杨惠南把环保问题提高到社会批判的高度,值得我们注意。但其说法有矫枉过正之处,"预约净土""心灵环保"都是从身边的事情做起,但是已经使台湾的环保理念深入人心了,比

---

[1] 杨惠南:《当代台湾佛教环保理念的省思——以"预约人间净土"和"心灵环保"为例》,《当代》1994年,第104页。

第三讲 心净则国土净

如"全民捡垃圾""树葬"等。从理论上说,佛教哲学的一个重要命题是"境由心造",我们人类所生存的环境,并非机械的自然,也不只是生物的自然,它是同时反映人的道德自觉与宗教实践的"人化自然"。"心净则国土净"这一命题,不可简单地解释为:自心净则净土自成。其实还有一个中间环节——"心净则行净"。在这段经文之前,首先论述心净的前提是发三心——直心、深心、菩提心。而随之论述的六度、四无量心、四摄法、方便、三十七道品、回向心、十善等菩萨度生的实践众行,都是净心的充实和展开。

从这段经文的上下文可知:众生是菩萨所成佛国净土的根基。菩萨依上述种种"净土之行",令自"行净",亦教化众生同自己一样"行净"。如是,同行众生聚集,在将正报"众生"净化成菩萨的同时,作为依报的"器世间",亦庄严成菩萨将来成佛之国土。具体来说,佛教积极介入社会生活,带动广大众生一起来做变革社会的事情。而要做到整个社会的清净,带动整个国土的清净,我想从现在、从自己、从心开始还是合理的。

因此,在宗教的终极关怀下,佛教的生态学有着积极的批判潜能和重建现代文化的力量。建立在缘起性空的哲学基础上,佛教的超越精神和广博视野,理应为现代生态学的建立提供理论基石。

三、对治消费主义的生活方式

当今的社会问题,说到底是一个哲学问题,源头都是我们对物的强化。世界成了物化的世界,人与人的关系,乃至文化生活都被物欲异化了。消费主义的生活方式,导致我们现在以大量消耗能源、资源,破坏环境为特点的生产方式。中国台湾地区学者王俊秀、江灿腾在《环境保护之范型转移过程中佛教思想的角色》一文中谈道:"人类对其他万物'野蛮化'的过程间接、直接地影响人类自身安危及生死的各种'生态反弹'。"目前,环境污染不再只是"脏"的问题,更是我们存在性的问题,是"生与死"的问题。治本之道在于改变世人的思考模式及生活方式。文章提出四条解决环境问题的"范型转移":"由过去的'万物之灵'到意识到我们仅仅是'万物的一支';由'人定胜天'到'天人合一';由'科技万能'到'科技有所不能';由'成长无限'至'成长有限'。"①

如果我们能减少一半以上浪费与不必要的消费,那么环境恶化的趋势就会得到相当有效的扭转,然后靠人类自己的智

---

① 王俊秀等:《佛教与社会关怀学术研讨会论文集》,中华佛教百科文献基金会(台南)。

第三讲 心净则国土净

慧,发展出一种新的生产方式、科学手段来加速治理我们的环境。佛教哲学能为环境问题与生态危机提供什么样的思想资源,谨概括如下:

万法缘起的思想为生态关怀提供了佛教世界观的基石。

由业力论引出的因缘果报理论为环保和护生提供了行为规范基础。

境由心造、依正不二的观念解释了生态破坏、环境污染、不健康的生活方式的原因。污染的环境是由污染的心所造成,清净的环境是清净的心的结果。

自他同体、慈悲为怀的精神是人与社会、自然和谐相处的理性抉择。有人曾问孔子思想,曾子说"夫子之道,忠恕而已"。这个"忠恕之道"就是推己及人,"己所不欲,勿施于人",这也就是佛教所说的"自通之法"。他人不是我们的地狱,也不是我们的鸿沟、障碍,万物同体。

"心能转物",这是佛教推动环保和护生的实践动力。心是能动的,要改变我们这个世界,必须从心开始。"和谐世界,从心开始",这是一个具有哲学革命意义的口号,逻辑清楚,层层递进,具有实践的动力。

创建人间净土,是佛教改变不合理生产方式和生活方式,积极参与社会变革的理想目标。学佛是为了转凡成圣,从秽土进入净土。而人间佛教最大的成就,就是在人间完成上述转变。所以理想的目标,就包括建构一个合理的社会,成就一个清净的觉悟的人生。

真俗不二的中道智慧,能够指导我们在发展与环保,即提高人们的生活水平与保持长久利益间找到平衡。我们长期以来片面追求利润、产值、政绩,导致了眼前利益与环境保护之间的关系日趋紧张。禅宗讲"随缘消业,任运穿衣",缘即条件。我们都知道环保事业的紧迫性,但在物欲横流的现时代要完全改变对物质利益的追求却相当艰难。所以,我们随顺时节因缘,从眼下可以做的方式先做起来。

---

* 本文 2008 年 3 月 30 日讲于无锡灵山,同年 7 月 27 日讲于庐山东林寺。本文在研究生曾蔚记录稿基础上略作修订。收入本书时,有适当删改。

第四讲　禅的智慧与人生境界

诸位,非常荣幸可以在上海图书馆给大家讲佛学思想。这个题目有四个关键词:人生、境界、禅、智慧,据此讲述四个方面。一是人生:佛教是怎么看待人生和世界的,简述佛教的人生观、世界观、价值观。二是境界:境界与生命主体的心眼相对应,那就要提升眼界,从肉眼凡胎上升到佛的知见;量周法界,放大拓展到如佛菩萨一样广阔的心量。三是禅:重点谈禅宗的宗旨和特点。四是智慧:借用南泉普愿禅师的话,"须向那边会了,却来这边行履",用中道智慧处理现实世界与理想世界之间的问题。

以苹果的剖面为例:苹果核、苹果肉和苹果皮,对应佛教的信仰核心、社会生活及文化外延这三个圈层。直探佛教的核心价值,才会对提升生命的意义有帮助。不能老是停留在哪里寺庙开光时天空现佛光了,哪个和尚烧出几公斤舍利子那个层面上。箭头内,标示着我们生活在这个世界上,所追求的生命方向:安居乐业→安身立命→明心见性。孟子曾经讲过,老百姓要有恒产方能有恒心,要让老百姓过上安居乐业的生活(《孟子·滕文公上》),而"无恒产而有恒心者,惟士为能"。在所有帮助安身立命的宗教和哲学中,我们今天讨论禅宗的明心见性,也就是直探生命的本质。

一、佛教对世界人生的看法

所有的哲学和宗教,都是要解决安身立命的问题。什么叫安身?人存在于天地间,有对终极价值的追求。庄子有个坐井观天的寓言,井底之蛙跳到井口上,遇到大鹏鸟,才发现自己原来生活的世界是多么可怜,外面的世界是如此广阔。中国的"人"字,一撇一捺,上面顶着天,下面安立在大地上。要做一个顶天立地的人,就要摆正自己的位置,知道自己在天地之间和社会之中,到底算老几。这就是儒家所说的"君子素其位而行",守住本分而履行自己的社会责任。什么叫立命?精神所寄托的生命意义,以及人生发展的规律。哲学与宗教,是对人自身的反思,深刻体会到"人生不如意事常八九",所以要解惑以求心安。有句成语叫心安理得,其实应该倒过来读,唯有得理,才能安心。

人在天地中存在,人生活于社会中,联贯着五伦或六方关系。按照儒家的五伦说法,有天地而后有万物,有万物而后有男女。天地、万物、男女,讲的都是自然关系,深山老林里的男

第四讲 禅的智慧与人生境界

人和女人,与动物没有什么差别,那是自然的存在。儒家把夫妇之道定为五伦开端,有男女而后有夫妇,社会关系由此展开。有夫妇而后有父子,于是就有了父子关系。有父子而后有兄弟,那就有了兄弟姊妹关系。有兄弟而后有朋友,推广开来,就有了广泛的社会关系。四伦之上,最重要的是君臣关系,也就是领导和被领导的关系。君臣关系在中国是源远流长,只要看看今天的称呼演变就知道了。

儒家的五伦,配上天地君亲师,君都是最重要的,历来是君师一体、政教不分。我们比较一下印度佛教所讲的六方关系,东南西北上下六方,对应着父子、师生、夫妻、亲友、主仆和僧俗关系,而以最尊贵的上方象征中国所缺少的僧俗关系。佛教传到中国,能被中国社会上上下下广泛接受,在于它有对超越于天地的终极价值的追求,能够弥补中国人精神生活的不足,从而丰富中国的文化。

佛教认为生命的存在,是我们所有行为的结果。天、人、阿修罗、畜生、饿鬼、地狱等六道的存在,是生命行为的果报,这就叫"正报"。与生命正报相对应的自然环境,就叫作"依报"。在六道轮回中,上天堂享福,或者下地狱受苦,都是单纯的受报。唯有人道与其他五道不一样,人类是造业和受报的双行道,既是造业的主体,也是承担果报的载体,因此人必须为自己的行为负责,并且有改变自己命运的自由。生命就是选择,选择行善还是作恶,决定了生命的去向。佛门有句老话:"欲知过去因,今生受者是;欲知将来果,今生作者是。"命运不是靠八字算出来的,是靠行为推导出来的。

《法华经·方便品》说,诸佛世尊,唯以一大事因缘故,出现于世,为使众生开、示、悟、入佛之知见。佛的知见,就是佛的智慧。开与示,是佛自上而下把觉悟的智慧,通过各种教化方式展示,以开启、引导众生的智慧。悟与入,是众生自觉地抬起头来仰望星空,接受佛菩萨的教诲,通过努力学习来体悟、证入佛的智慧。一言以蔽之,三世十方诸佛是为解决众生的生死大事而来,关键在于改变众生知见,使众生具有与佛一样的智慧。由此可见,佛教认为世界和人生的状态,来自我们的知见。你是什么样的知见,就拥有什么样的人生和世界。

再引一段《坛经·般若品》里的"无相颂":

> 说通及心通,如日处虚空。唯传见性法,出世破邪宗。……正见名出世,邪见名世间。

说通,即教通;心通,即宗通。一个合格的法师,应该是宗教兼通。一神教的宗,来自神的启示,叫作启示性宗教。那么佛教的宗,就来自佛的觉悟,所以佛教是觉悟性、内证性的宗教。佛把觉悟到的根源性、神圣性的意义,用语言在人世间传播,那就是教。禅宗称自己是宗门,称别的宗派是教下。六祖

第四讲　禅的智慧与人生境界

惠能告诉我们,不管是教还是宗,都要通达,才能如太阳一样遍照虚空,驱散所有的乌云。"唯传见性法,出世破邪宗。"禅宗传的就是明心见性之法。

下面两句非常重要:"正见名出世,邪见名世间。"世间,即烦恼不堪的滚滚红尘;出世,即佛教的理想境界,是烦恼消除后的清凉世界。知见是正还是邪,决定我们处在什么样的世界。什么叫邪见,什么叫正见?《坛经·机缘品》提到,邪见就是众生知见:"世人心邪,愚迷造罪,口善心恶,贪嗔嫉妒、谄佞我慢,侵人害物,自开众生知见。"这形成痛苦不堪的世间。《坛经·机缘品》还提到,正见就是佛之知见:"若能正心,常生智慧,观照自心,止恶行善,是自开佛之知见……开佛知见,即是出世。"这就是佛教的理想世界。可见,生命是痛苦还是快乐,世界是污秽不堪还是清净自在,关键在于知见上的正与邪、净与染。

二、提升眼界,放大心量

境界与心眼相关。王安石有两句名诗:"不畏浮云遮望眼,自缘身在最高层。"站得高才能看得远。佛教谈肉眼、天眼、慧眼、法眼、佛眼等五眼,代表着五种知见。知见,是主体观察世界的立场、观点和方法。有什么样的知见,就有什么样的境界。

我们处于最底层的肉眼,认识世界带有先天的局限性。所谓坐井观天、鼠目寸光、狗眼看人低,说的就是凡夫认识的局限性,而且凡夫的认识中还经常会出错。你们看我的肉眼还是戴了副眼镜的"处理品"。我们现在所拥有的科学手段,与眼镜也只是量的差异,没有质的区别。

正是因为反省自己认识能力的局限,于是就打开另一种视角——天眼。古今中外,所有的民族和文化传统,毫无例外都产生了巫术和宗教,试图用神秘的力量,解决人力无法解决的问题。巫术和宗教都有共同的世界观基础,就是万物有灵论。巫术相信人身上和世界上弥漫着一种神秘的力量,人只要通过法术掌握这种力量,就可以为人的目标服务。比如说大兴安岭着火了,一些人找气功师在北京作法灭火。身上长了瘤子,巫师有能耐把那个瘤子血淋淋地抓到手里。你看江西那个王林"大师",忽悠了多少高官、富商和明星。不问苍生问鬼神!说明从古到今,因为人的力量有限,所以世人才会诉诸那些神秘的力量。20世纪80年代初,我曾接触过三年特异功能,也见到不少"高人"。巫术有没有效果呢?有。灵不灵呢?灵。但是灵的比例是多少呢?大概一半对一半。但人们总是相信灵的一面。如果不灵,巫术就说因为你心不诚。巫术至今还可以

第四讲 禅的智慧与人生境界

忽悠一大批人。但是,正如鲁迅先生讲的:"捣鬼有术,也有效,然而有限,所以以此成大事者,古来无有。"(《南腔北调集》)美国人丹尼尔写过《科学史及其与哲学和宗教的关系》,提出巫术是宗教和科学的共同来源。巫术试图掌握神秘的力量为人的目标服务,而科学是用可验证的、更精细的、逻辑的、理性的方式去掌握世界。但巫术还有不灵的一面,于是人们就把自己的命运交付给高高在上的神灵,祈求神保佑。对于巫术和宗教中存在的神秘力量,佛教并不否认,但佛教认为天眼依然是凡夫境界,都是不究竟的,所以反对炫耀神通,以免误入歧途。不能停留在凡俗的肉眼,也不能着迷于神秘的天眼。

慧眼,就是佛教缘起性空的智慧,把所有主观的偏执放下,让主体认识与客观实际完全相应,如实观照事物的实相。实相是什么呢?就是一切皆空。很多人误解了空,以为空就是什么都没有。空是一种否定性的辩证智慧,把所有主观强加给事物的错误知见,把所有主观虚构的东西彻底剔除。比如说,现在我手中端起的这个杯子,符合构成茶杯的几个条件,有容器、水、茶叶。我在喝,故根据这个众缘和合的暂时现象,赋予茶杯这个符号。但我们不能说,它只有茶杯这种独一无二的实体性。条件关系改变了,它就不叫茶杯了。如果里面放的是酒,它就是酒杯。如果我往里面弹烟灰,它就是烟灰缸。如果放上笔,它就是笔筒。它有无限可能性,一切随时空条件关系的改变而改变,没有自性存在。所谓永远不变的茶杯自性,并不是真相,只是我们主观虚构的产物。对于主观认识上的妄执,我们必须用强有力的空性智慧来消解。茶杯是因缘聚合的暂时产物,以缘起故,没有茶杯实体性的自性,无自性故空。空就是事物的真相,无以名之,强名之曰空。慧眼能把我们以往错误的认识剔除、消解,让我们回归到事物的实相。故《金刚经》告诉我们:"凡所有相,皆是虚妄。若见诸相非相,即见如来。"我们要透过幻象,看到事物的真相。

光看到事物为空,掌握了真理的普遍性还不够,还要掌握真理的多样性、特殊性、具体性。佛教在人间传播,要教化上至国王大臣、下至贩夫走卒,就要讲不同道理。用一把钥匙打开千万把锁的只有两种人:小偷和开锁匠。用一种药能治所有病的,好像只有万金油,当然是什么也治不好。菩萨要对机说法、因材施教,那就要现身说法,面对什么样的众生,就呈现什么样的形象来度化人。菩萨的法眼,把一切为空的真理普遍性,上升到真理的具体性,承认事物的多样性和复杂性。至于佛眼,就是佛教中最高最圆满的智慧。禅的智慧,就是帮我们打开佛的知见。

以上用佛教的五眼说法,分析了五种认识层次。下面从四个方面,分析心与世界的关系。这里借用阴阳鱼图,一半是黑的,一半是白的,表明我们的心灵半是天使半是野兽,可以上升

第四讲　禅的智慧与人生境界

为天使,也可以堕落成为魔鬼。

一是从认识论和心理学角度,看心与世界的关系,涉及身心关系、主客观关系。今天我们主要谈心与境,也就是认识主体和认识客体的关系。佛教告诉我们,人在没有达到佛的智慧之前,认识到的仅仅是表象、假象、幻象。凡所有相,皆是虚妄。这个相,是我们主观投射的产物,如哈哈镜照出的并不是事物本身,经过了主观认识的扭曲。所以,要透过表象观照实相。佛教把认识真相的障碍分成两大类:烦恼障,是对欲望的贪婪追求,利令智昏、色胆包天、权迷心窍,让人神智无知,迷了心窍。所知障,来自知识的局限和认识上的片面性,有如一叶障目、盲人摸象。人们就是被这两种障碍,遮蔽了对真理的认识。所以,我们要知道人的认识是有限的,要从所知障、烦恼障中解放出来,才能接近、把握事物的真相。

二是从伦理价值的角度,探讨凡俗生命的流程。佛教把揭示生死流转的十二缘起支,浓缩成起惑、造业、受苦三大环节。惑,就是因烦恼产生的纠结、障碍。业,因起迷惑而产生错误的行为。苦,为错误行为所承担的苦果。内在精神的污染,造成错误的行为,带来相应的后果,造成不完美的生命状态及所依存的环境。比如以邻为壑的污染心态、急功近利的短期行为,就造成各种各样的环境恶性事件。所以,心的清净还是污染,就决定造下的是善还是恶的行为,从而决定生命的流向,是向上走向天堂,还是向下走向地狱。佛教以心的污染或清净,解释流转与还灭的原因。流转缘起,顺着污染的心灵、错误的行为,造成现在受苦的后果,生生死死在六道里面轮回。佛教揭示了起惑、造业、受苦的流程。那么,我们就要反其道而行之,即还灭缘起,从根本上破迷解惑,把无明转化成明,从而获得解脱。佛教并不是简单说明现象世界的生命流程,而是为生命的改造、环境的变革提供了实践的依据。

三是从更广阔的社会学、政治学角度,看待心与社会、环境的关系。个人所造的业叫别业,无数别业的聚集叫共业。生命不仅受别业的制约,还在更大范围内受到共业的制约。共业最小的单位是家庭,夫妻关系、父子关系,皆有很深的因缘才相聚在一起。共业圈从家庭,层层放大到学校、企业、城市、国家、世界,所形成的校园学风、企业品牌、城市风格、民族形象,皆是共业。所以,不要以为自己是绅士淑女,有多么优雅,我们同时还承担着更大的共业。佛教的社会责任感,就从共业与别业的辩证关系里推导出来。菩萨以他为自,只有解脱一切众生的苦难,菩萨才能最后圆满成就佛果。由此形成"无缘大慈、同体大悲"的慈悲思想和菩萨愿行。慈,是无条件给予他人快乐;悲,是对别人的痛苦感同身受。环境问题也是如此。环境问题是人类行为造成的,要改造环境,就要改造人心。从正报与依报、共业与别业的辩证关系中,能体认到菩萨改变环境、改造社会

第四讲　禅的智慧与人生境界

的大悲心。

四是从宗教哲学角度,看心与终极存在的关系。佛教的终极真理是实相,唯有佛才能把握。如果真理是圆球,肉眼凡胎所看到的,只是球中某一个点、某一条线,或某一个板块,都是平面认识,都会有局限性和片面性。佛所面对的法界,相当于一个圆球的世界,包括了世间和出世间,以此法界的全局观来处理世间与出世间的关系。佛教讲圆满的认知,指不执着,没有片面性,因为球面上任何一点与圆心都是等值的。开佛知见,即达到悟道者头头是道、圆融无碍的境界。从理体上讲,人心与佛在本质上是统一的,与佛所掌握的终极存在是等值的。从事上来讲,应以出世的精神来做入世的事业,不是逃离这个生活世界,而是以佛的眼光和胸怀来处理人间事务。

讨论过心眼与境界的关系,我们现在可以做一个小结。心,就是修道者的生命主体,是生命升堕的枢纽,也是决定众生净垢和世界治乱的关键。其纵向展开是以成佛为中心的向上途径,做到见与佛齐,这是生命的高度。其横向联结着社会大众和自然环境,做到量周法界,这是生命的广度。所以,精神净化就成为个人修行和社会变革的实践枢纽。在上求下化的过程中,提升个体生命境界,净化我们的社会,改善生存的环境。

三、禅宗的宗旨和特点

我们把禅的含义,分为三个层次来辨析。

第一层指禅定,也就是瑜伽。现在,中国在世界各国办孔子学院,这是文化软实力输出。印度更多是通过民间力量进行,光是瑜伽馆就把印度的宗教文化渗透到世界各地了。瑜伽有两层含义:一个是牛马的枷锁,指人的欲望像野牛野马一样,故要通过心灵控制,套上理智的枷锁。第二指相应,让奔腾不息、起伏不已的心灵,通过特殊的身心训练,达到心平如镜的状态,才能使主观认识与客观实际保持一致。那就要训练我们的精神,使身心调和到明镜止水般的状态。这种特殊的身心训练方法不是佛教独有的,印度婆罗门教等各派宗教和哲学都有瑜伽训练,所以禅定是与凡夫外道共通的修行方法。可见,佛教的思想与其他宗教的区别不在于禅定,而在于智慧,但佛教的智慧又不离开禅定。

禅的第二层含义指禅宗,这是中国独创的佛教派别。禅宗称自己回归到佛教根源性的觉悟,与佛心完全契合。心心相印,现在多用在男女间浪漫的情怀,但原来是和尚用的,说的是释迦牟尼与他弟子摩诃迦叶的故事。当年有位天神给释迦牟尼送了一朵金色莲花,佛举花示众,在场大众面面相觑,只有摩

第四讲　禅的智慧与人生境界

诃迦叶会心一笑。释迦牟尼说："吾有正法眼藏,涅槃妙心,实相无相,微妙法门,不立文字,教外别传,付嘱摩诃迦叶。"(《五灯会元·七佛·释迦牟尼佛·卷一》)这就是禅宗史上有名的拈花微笑公案。禅宗认为自己最接近佛的悟性,不需要通过语言文字等中介,故称佛心宗。中国汉传佛教有八大宗派,禅宗把自己称作宗门,其他七个派别是通过言教、经教、仪轨传播的,被称为教下。

禅的第三层含义叫禅机、禅意,跳出了宗教的范畴,成为一种活泼的、能够自由开放人心灵的教学方法和生活态度。当然,禅机是不能离开禅宗的。

阴阳鱼图中,阴暗部分是心灵的污染成分,当烦恼占主导地位,人就是迷中的众生。当心灵完全转成白净,把内在佛性充分展现,人就觉悟了。当主体觉悟成佛的时候,所依存的环境也就转变成净土。禅宗的宗旨在明心见性。阴阳鱼图的白色部分就是佛性、真如、本心、真心,像太阳一样,是心的本质,但现在被烦恼的乌云遮蔽住了。黑色部分是妄心、无明、邪见、杂染。禅宗认为,学佛就是要拨开乌云见太阳。

笔者在此引述《坛经》的两段话。"菩提自性,本来清净,但用此心,直了成佛。"(《坛经·行由品》)"菩提般若之智,世人本自有之,只缘心迷,不能自悟,须假大善知识,示导见性。当知愚人智人,佛性本无差别,只缘迷悟不同,所以有愚有

79

智。"(《坛经·般若品》)菩提般若之智,即觉悟成佛的智慧,人人具备。但我们现在被种种烦恼障、所知障所遮蔽,处于迷惑之中。故在现实中,只有佛是觉悟者。根据这两段经文,笔者引出四个关键词来讨论。

关键词一:菩提自性。菩提,就是觉悟的智慧;自性,就是人人本具的觉悟本性,即佛性。《坛经》标举菩提自性,从终极根源上指出了生命的本质,也为我们每个人指出了生命可以达到的高度,即成佛。在终极意义上,凡夫生命的本质与至高无上的佛是统一的,并与终极存在的法界、真如融为一体。所以《坛经》告诉我们一个非常有价值的观点:"佛向性中作,莫向身外求。自性迷即是众生,自性觉即是佛。"(《坛经·决疑品》)成佛,全凭自己回到本质、核心的层面,而不是向身外去求。

关键词二:此心。什么叫作此心呢?就是我们当下的精神状态。佛教用一百种概念即五位百法,概括所有的现象界和理想界。现象界有九十四种有为法,其中有五十一种描述心理现象、心理行为,叫五十一种心所有法,加上八种心王,一共有五十九种谈心理的法相。在五十一种心所有法中,污染的烦恼心所法占二十六个,包括六种根本烦恼和二十种中小烦恼,占比51%。如果生命是一个股份制公司,当董事长的就是烦恼,我们的生命被烦恼控股了。所以学佛无他,做减法而已。减去什么? 减去烦恼。当把阴暗的、黑色的部分剔除之后,无明状

第四讲　禅的智慧与人生境界

态就转化成明,于是原来黑白相杂的阴阳鱼就通体光明,也就是成佛。

《坛经·般若品》指出:"菩提本自性,起心即是妄。净心在妄中,但正无三障。"净心,即真心、自性、本性,这是我们生命的主宰(王),成佛的终极依据。在妄中,即觉悟的本性被烦恼的乌云给遮蔽了。真心与妄心处于相即不二的动态统一体中,修行学佛就是不断清除精神污染。心与性,在《坛经》中经常混用,但亦有轨迹可寻。自性清净,即如来藏自性清净心,指众生本具的佛性,心与性通用。当心指妄心时,更多的是用"念"。故《坛经》的修行法门就是无念法门,无念就是去掉妄念。

有人问慧忠禅师:心与性的异同点在哪里? 禅师告诉他:当凡夫处于迷惑时,心和性就像水和冰一样,是有形态区别的,但实际上水和冰是一体的。也就是说,当处于迷惑中时,就像寒月水结成冰一样,人就被烦恼束缚住了;当人用智慧来消解烦恼时,就像春天里冰融化成水。在日常一念心中,要明了心性不二,即真心与妄心不二,而见性修行的关键,就是把握"不二"的大乘见地。《坛经》告诉我们,凡夫即佛,烦恼即菩提,这就是水和冰的关系。处于烦恼中的凡夫众生,好比水结了冰,当把冰转化为水的时候,水还是原来的水,并不是离开冰去另外求水。大乘佛教不是让人离开这个世界去解脱,而是就在这个结了冰的世界,追求那个春暖花开的时候。"众生迷时,结性成心；众生悟时，释心成性。"(《南阳慧忠国师语录》)那么，怎么才能做融化冰的工作呢？

关键词三：用。用什么？用般若，就是智慧。佛经翻译时为什么不把般若直接翻译成智慧呢？因为凡人太聪明了。你到飞机场去看，到处都是讲什么官场智慧、商战策略的书。所以佛教里的智慧一般就音译为般若，意指超越世俗、追求理想境界，同时又把世间所有智慧融合在一起的通达无碍的大智慧。禅宗是用般若空观的方法，破除烦恼的执着，以达到"明心见性"的目的。般若智慧之用，具体言之，就是《坛经》里讲的般若修行三纲领：以无念为宗、无相为体、无住为本。无念为宗，侧重于主体所观之智，要在主观上做到去除各种各样的妄念。无相为体，侧重于客体所观之境，透过虚幻的表相、妄相，而达到实相的真实本质。唯有无相的方式，才能真正把握实相。无住为本，由智境一如的妙用，于生活世界不受任何束缚，做到无拘无缚。这三纲领归结到无念法门就是："心不染著，是为无念。"(《坛经·定慧品》)

无，指"于念而不念""不于法上生念"(《坛经·定慧品》)。这个念就是妄念、邪念，是执着外境而产生的错误知见。这里分成两个层次。第一是无二相，就是除去一切属于"二"的种种思维分别。世上本无事，庸人自扰之。凡人的种种错误认识，就是把统一的事物人为地割裂为二了。所以事物要回归到本

第四讲 禅的智慧与人生境界

来状态,即不二的状态。第二是无诸尘劳之心,尘劳就是烦恼,除去一切烦恼妄想。

念,就是使我们的心回归到真如,回归到实相,"念真如本性,真如是念之体,念即是真如之用"(《坛经·定慧品》)。此"念"是正念,是"能离于相,则法体清净"的真如本性。真如由体起用,故与念不离。"自性起念",是体证真如后产生的正确知见。

禅宗讲的无念法门,是在士农工商的生活世界中,时时刻刻、心心念念都与真如相应,不被外面的财色权所迷惑。正像《维摩经》所说:"能善分别诸法相,于第一义而不动。"

关键词四:直了成佛。此即达到终极本源的方法——顿悟法门。禅宗不需要通过各种外围的、中介的牵丝攀藤做法,而是直截了当地直达本质,直达心的本源。见性,指彻见自心之佛性。佛性与人的本性同一,本来清净,只因一向被妄念的浮云遮蔽,所以未能自悟。禅宗的主要思想就是佛性本有,不需要向外寻求,解脱完全靠自己。因此,"佛向性中作,莫向身外求"。心,是生命上升还是下堕的枢纽,决定着人生的凡圣、世界的净秽。所以,现实生命的实践(途中)与生命最高价值的实现(家舍),当下就在"直了"中得到统一。只要我们还在途中,就有乡愁,就没有回家的感觉。大乘佛教的精髓就是"途中即家舍,家舍即途中"。成佛的终极目标,就在行菩萨道的过程中。当发心要成为一个觉悟者,以开佛知见作为起点,那么起点、过程和终点,就是统一的整体。所以大乘经典说:"初发心即成等正觉。"(《华严经·法界品》)

四、以出世精神做入世事业

以莫比乌斯圈为喻,象征着事物矛盾的一体两面。凡夫执着一面,而忽略了另一面。对于不二的智慧来讲,凡夫即佛,烦恼即菩提。就像冰即水,在没有转成水之前,冰就是冰。但是,冰总会融化,就像雪莱所说:"冬天来了,春天还会远吗?"打个比方,现在我们都是臭水塘里的蝌蚪,但是其中有只蝌蚪斩断了烦恼的尾巴,长出苦集灭道四只脚,"啪"地一下跳上了岸。这只青蛙感到:哇,岸上的世界真精彩,桃红柳绿,鸟语花香,坚实的大地,和煦的春风。这些精彩都是其他蝌蚪根本看不到的。如果那只青蛙跳回水里,跟广大蝌蚪讲岸上的风光,绝大多数蝌蚪都听不懂,这叫夏虫不足以语冰。好在总有一些蝌蚪决定按照青蛙的方法,走青蛙之路。

现在我们知道,烦恼与菩提、凡夫与佛,犹如冰与水一样,都是一体不二的,关键在于转变。靠什么转变?靠智慧来转变。所以《坛经·般若品》说:"凡夫见二,智者了达,其性无二;

第四讲 禅的智慧与人生境界

无二之性,即是佛性。"禅宗不二的智慧,就是彻底打通自行(上求菩提)与化他(下化众生)的隔阂。这就是南泉普愿所说:"须向那边会了,却来这边行履。"禅的智慧不是离开这个世界,而是点化提升我们的生活世界。如果要认识到完整的世界,就必须使主体认识打破一切人为的分裂。这就是惠能所说的:"心量广大,遍周法界。"即打破心灵的枷锁,使心中本具的觉悟自性向法界完全敞开,超越一切意识中人为分别的两极对立。这样一种如圆球般通达的认识,才能随缘展开、圆融无碍,球面上任何一点与圆心都是等值的。也就是说,一个真正的觉悟者可以做到头头是道;成大事者的认识和行为都符合真理,因为他已经破除了所有的片面性。

从体上来谈,佛性本来现成。开佛知见,就是以佛的法界观,平等如实地观察生命的正报与依报,彻底打破凡夫与佛、烦恼与菩提、秽土与净土的两极对立。所以六祖惠能说:"凡夫即佛,烦恼即菩提。前念迷即凡夫,后念悟即佛。前念著境即烦恼,后念离境即菩提。"(《坛经·般若品》)从体上来讲,冰就是水;但从事相上来看,冰就是冰。即使是烦恼丛生的凡夫,但也知道,他在理上与佛是一体的,终有觉悟的一天。冬天来了,春天还会远吗?既已掌握了春夏秋冬的循环规律,就不再像夏虫一样不知道冬天。虽然还生活在臭水塘里,但是知道总有一天会成为青蛙,享受那桃红柳绿、鸟语花香的本地风光。

当然,从用上来讲,"当用大智慧,打破五蕴烦恼尘劳。如此修行,定成佛道。变三毒为戒定慧"(《坛经·般若品》)。用,就是以般若智慧指引下脚踏实地地修行,转变贪嗔痴的修行实践。否则,凡夫永远是凡夫。只有知道凡夫与佛、秽土与净土之间相即不二的体用关系,才能正确地对待生活。大乘佛教精神,就是不舍弃众生、不离开世间,却来这边滚滚红尘行履菩萨道。菩萨修行的道场不在他方世界,就在现实世界,与广大众生在一起。《坛经》里有非常有名的四句话:"佛法在世间,不离世间觉。离世觅菩提,恰如求兔角。"

20世纪60年代,中国台湾地区曾掀起关于《坛经》和禅宗的大讨论,起因于胡适与日本学者铃木大拙关于禅学研究方法的争论。钱穆于1969年在台湾省的《中央日报》写了《六祖坛经大义》,提到六祖最重要的是讲了两件事:人性和人事。人性,就是超越的佛性不离开人性,"佛向性中作,莫向身外求"。人事,即佛法是为世人而存在的,"欲求见佛,但识众生"。根据六祖的教导,佛教的一切设施是为众生而存在的。如《法华经》所说,诸佛世尊出现于世的大事因缘,为使众生开示悟入佛之知见。

唐代韶州最高行政长官刺史韦璩,带领大小官僚和知识界人士,把六祖请到韶州城内大梵寺讲经。在问答环节中,韦刺史发问:"佛向性中作,莫向身外求,那怎么理解净土法

第四讲　禅的智慧与人生境界

门讲的西方极乐世界,禅宗的道理与净土思想是不是有矛盾呢?"六祖回答:"从体上来讲,没有矛盾。从事相上看,我们与西方极乐世界的距离,说远,在于内心的烦恼和愚痴;说近,是因为开启智慧的路途就在眼前。"六祖还反过来问韦刺史:"东方人造罪,所以要念佛求生净土,那西方人造罪,求的是哪一方净土呢?"(《坛经·疑问品》)关键在于当下。六祖实际上是用透彻的哲学智慧,指明理想的世界就在脚下的大地上。

韦刺史又问:"在家人在士农工商日常生活中俗务繁忙,应该如何修行呢?"六祖在《疑问品》的"无相颂"中,融合六度、四摄、五戒、十善等菩萨修行的基本法门,加上儒家伦理道德的内容,突出了在社会生活中的道德修养。禅宗告诉我们,成佛不离开世间,成佛从做人开始。人都做不好,谈何成佛!既然如此,可见佛学并不与儒学对立。"无相颂"最后告诉我们:"菩提只向心觅,何劳向外求玄。听说依此修行,西方只在目前。"

佛教不离开世间,教化各色人等,就要有各种方法。人们很容易犯非此即彼的毛病,故《坛经·付嘱品》列举三十六对范畴,谈的都是不二的智慧。根据说法的对象和环境,以圆融灵动的中道智慧,采取最适当的切入点,来扫除人心的片面性。佛教讲的中道,不是去掉一个最高分、去掉一个最低分,打一个平均分,这样选出来的是平庸。佛教的中道智慧,是排除片面性,超越了两边的局限性,同时又内在地包含了两边。如果用图像做比喻的话,中道智慧犹如三角形,构成圆融法界内在的纲架,既超越对外在名相的执着,也克服内心对空相的执着。凡执着有相和空相,都会增长邪见和无明。

禅宗有句名言:"智齐于师,减师半德;智过于师,方堪传授。"(《景德传灯录》卷六)以前在新生入学典礼上,作为教师代表发言,我就引述过禅师的这四句话。学生超过老师是应该的,这样才能长江后浪推前浪,一代超过一代。禅师选择学生,如果学生的见识、智慧、能力与老师一样,那是丢老师的脸,只有高于老师,方堪承当大业,才能把师门事业推向前进。但作为学生来讲,不能自高自大,更不能像白眼狼一样欺师灭祖。所以在毕业典礼上,我也会讲古灵神赞的故事。古灵神赞在福州一个小庙里待了几年,觉得没有什么长进,就出去行脚参学,在江西百丈怀海那里开悟见性。古灵神赞悟道以后欲点化其剃度师。师父问他在外面参禅有什么长进,他说没什么长进。师父向古灵神赞道,那就好好修行,不要胡思乱想。夏天,师父洗澡,他在给师父擦背时感叹:"好一所佛堂,可惜里面没有真佛!"意思是师父空长一个虎背熊腰的身材,可惜没有觉悟。师父回头看了他一眼,他就把后面的话压了下去。

又过了几天,师父坐在窗前看经,有只小飞虫在敲打窗纸

第四讲 禅的智慧与人生境界

要飞出去,撞击窗纸声与翻书声交相呼应。时机到了,古灵神赞又自言自语:"世界如许广阔不肯出,钻他故纸,驴年去!"十二生肖中没有驴子。他说驴年去得,意指猴年马月了。师父再愚钝,这个时候也听懂了。师父就放下经书说:"你老实招来,在外面到底遇到何方高人?"他跪下来告知师父,自己确实在百丈那里悟了道,就是为报师恩,才回来度化师父。老师也很开明,马上敲钟集合大众,恭恭敬敬把古灵神赞请上法堂登座说法。这是禅宗史上师生伦理的一段佳话。所以我对毕业生说,如果你们哪天当了世界名校教授,也不妨回母校帮老师擦擦背,这与"智过于师"的要求并不矛盾。

"须向那边会了,却来这边行履。"禅的智慧,能给我们带来什么样的启发呢? 最后总结四点。

第一是孤峰独宿,做不受人欺的大丈夫。临济义玄有句名言:"自达摩大师从西土来,只是觅个不受人惑底人。"记得南怀瑾先生曾经讲过,人从生到死,无非就是做三件事情,即自欺、欺人、被人欺,人若不做这三件事情,简直就没有人味。要做一个不受人欺的大丈夫,前提就是不要自欺。禅宗经常讲,佛是人,我也是人,佛能够觉悟,我也能够觉悟。我们做人就要拥有孤峰独宿、特立独行的品格,不被常人知见所左右,要做到"高高峰顶立,深深海底行"。

第二是火中生莲花,随处做主,立处皆真。菩萨的造像中常有莲花。莲花并没有长在高高的山顶上,而是长在卑下的淤泥之中,象征着大乘佛教的菩萨精神,不离开俗世。《维摩经》里有几句话,对我们非常有启发:"不舍道法,而现凡夫事;不舍有为法,而起无相。"在士农工商的生活世界中,虽然从事凡夫的事情,但其中体现了佛法的精神。"但除其病,而不除法。"要消除的是造成污浊世界的病因,而不是要毁掉生命、离开世界才能得道。"是故当知,一切烦恼,为如来种。譬如不下巨海,不能得无价宝珠;如是不入烦恼大海,则不能得一切智宝。"这就是烦恼即菩提最好的写照。

第三是要入世济度,以众生病,是故我病。这句话也是来自《维摩经》:"从痴有爱,则我病生。以一切众生病,是故我病;若一切众生得不病者,则我病灭。所以者何?菩萨为众生故入生死,有生死则有病;若众生得离病者,则菩萨无复病。"唐代药山惟严禅师讲过,超越世俗的智慧是"高高峰顶立",入世济度众生就是"深深海底行"。有徒弟问赵州从谂禅师:"师父你死了以后到哪里去?"他说:"我死了以后,会下地狱。"徒弟就很奇怪,像你这么好的人都下地狱,那我们到哪里去?他说:"我不下地狱,谁在地狱里面救你们呢?"这种慈悲济世的精神,正如地藏菩萨所说:"地狱不空,誓不成佛。"

第四是通权达变,圆融无碍。这是禅师方便善巧的圆融智慧。六祖临终时告诉弟子们,你们以后出去教化大众,要掌握

第四讲 禅的智慧与人生境界

三十六对法,其核心就是超出两极对立的片面性。比如,谈空说有,要么偏于执空,要么偏于著有,一执着名相,就进入了边见,边见就是片面性。故针对众生偏执名相的毛病,我们必须对症下药,用正言若反的方式,解除他对名相的执着。六祖三十六对法的方法,后世禅门就发展到"机锋""公案"乃至拳打脚踢的"棒喝"等方法,都是让人不要陷入语言文字的片面性中。有僧问赵州禅法的风格是什么,赵州回答:"东门、西门、南门、北门"。禅法是活泼的,没有一定之规,不管是东西南北哪个门,关键是要进得了赵州城。沩山灵祐禅师有句名言:"实际理地,不受一尘;万行门中,不舍一法。"实际理地,就是佛的知见那边,要达到佛一样的高度;把人世间所有的污染通通消除,这叫作不受一尘。万行门中,却来人间这边行履菩萨道,不舍弃士农工商任何一法。所以,我们不要把学佛搞得神神叨叨,也不要搞得"佛里佛气",与日常生活水火不容,变成一个怪人。禅师活泼自在,到什么山唱什么歌,见什么人说什么话,对症下药,对机说法,整个教化方式就是活泼的。

有人问赵州禅师:"十二个时辰中应如何把握自己?"赵州回答:"你们被十二个时辰所使唤,而老僧能使唤十二个时辰。"我们被各种各样的利润、指标、政绩、成果搞得头头转,乃至弄虚作假。关键是心做得了主,能转变外界,而不被外界所扰乱。正如禅门这首诗所唱:"春有百花秋有月,夏有凉风冬有雪。若无闲事挂心头,便是人间好时节。"烦恼总是自找的,如果有人在那里比较春花与秋月谁美,那就是没事找事。我们要活在当下,无论是春花盛开,还是秋月皎洁,都是人世间最美的时候。

----

* 本文讲于上海图书馆"都市文化·重读经典"活动(2014 年 6 月 22 日)。收入本书时,有适当删改。

第五讲　教外别传与宗教兼通

引　言

讲题中"宗教"这两字,不是现在意义上的宗教(religion),指的是佛教中源与流的关系。宗,是佛法的神圣性本源,来自佛陀的觉悟;教,是佛把觉悟到的真理在世间传播,是佛法在社会存在和发展的形式。宗和教之间,是体与用、本与末的关系。本质与形式,有时会产生隔阂和矛盾。前不久北京佛教文化研究所召集会议讨论佛教商业化的危害。我因为有课没有参加,但提交了旗帜鲜明的文章《要与庙产兴商说不!》。商业化、低俗化、庸俗化,显然背离了佛教精神,造成佛教的异化和矮化。

出现问题并不可怕。在两千多年中国佛教史上,有三位大师级人物,直面佛教的时代问题加以对治和调适,起到了关键的枢纽作用。

第一位是东晋的道安大师,他的时代课题是如何解决佛教中国化。作为高级文明的印度佛学,进入文明程度同样高度发达的中华大地,难免与中华文明产生冲撞,佛教初传入中国时并不被主流社会所完全接纳。从文化传播的角度看,佛教填补了中国的精神空间,佛教高超的思维方法,对彼岸世界的探索,对人生的来源、发展和未来前途等根本问题的解释,是中国本土文化所缺乏的。比如孔子说:"未知生,焉知死?未能事人,焉能事鬼?"但如果人不知死,怎么知道更好地活着呢?不知鬼神,怎么为人的存在定位呢?恰恰在这一点上,佛教对世界、人生发展规律的解说,显然远远超过中国本土思想。故古代中国需要引入佛教,帮助国人提升形而上的思考,深入探讨生命本质和人生意义。同时,佛教也受到中国主流社会的抵制。当时儒生和道士攻击佛教的一个主要话题,就是夷夏之别,要抵制外来思想对中国文化的渗透。儒释道三教关系并不是一开始就那么和谐顺畅的,经历了几百年的冲撞和磨合。南北朝时在北方还发生过两次大规模的"灭佛事件"。"灭佛事件"的产生有深刻的政治经济等原因,更有来自思想上的冲突。所以,关键在于对话与协调,使外来佛教与中华文明相互尊重、取长补短、和谐共处。中国佛教界的杰出代表道安大师所做的贡献,就是解决佛教中国化问题,推动佛教的义学研究和制度建设。按太虚的说法,中国佛教的主动流就是由道安和他的弟子慧远所推动的。

第五讲 教外别传与宗教兼通

第二位是盛唐时代的禅宗六祖惠能大师,他的时代课题是如何解决佛教的大众化。用今天的话来讲,是让佛教接上中国社会的"地气",使佛教建立在最广泛的大众基础上,不能仅仅停留在藏经阁和少数精英的经院哲学中。惠能奠定的禅宗思想和修证实践,对中国佛教的存亡继绝做出了巨大贡献,克服了传播中的形式主义和教条主义,让佛教重新回归到明心见性的根基上。教外别传,就是直契佛心的特别传授,使"教"紧扣"宗"的基础,回归到佛教的修证本位。

第三位是现代的太虚大师,他的时代课题是如何应对东西方文化的冲撞与融汇。如印顺法师在《中国佛教史略》中所说:"昔日文化之为友为敌,唯儒与道;今则文化之新友新敌,将加入西方之宗教、哲学、科学。"佛教昔日在文化领域的朋友和竞争对手只是儒家和道教,到清末民初之际,又碰上新的强劲对手,当然也可说是新的朋友。基督教(包括天主教、东正教、新教)依仗着不平等条约,以西方列强的坚船利炮为后盾,大规模涌入中国,对佛教造成强力的冲击。西方的科学技术、社会科学、人文科学,包括刚兴起不久的宗教学背景下的佛教学术研究,大规模进入中国,日益占据了话语权。当时的中国人,对现代科学几乎有着宗教图腾式的崇敬。基督教、现代科学等,对中国传统佛教形成了强大的压力。对此严峻的局面,太虚大师提出著名的三大革命口号,即教理革命、教制革命和教产革命。

前文对此已有记述。

今天的议题包括四个方面。一是禅宗在佛教中的地位,从宗教学基本原理和佛教哲学特质,梳理宗与教的关系。二是六祖惠能论宗教兼通,并在此基础上才强调教外别传。三是永嘉会通禅教的贡献。作为天台宗传人的永嘉玄觉,同时又在禅宗六祖门下得到印证。这是讨论宗教兼通颇具代表性的案例。四是太虚大师重建中国佛学的愿景,要使中国佛学走向世界,必须建立在宗教兼通的基础上。

一、禅宗在佛教中的地位

(一)宗与教

现在所用的"宗教"这个汉语名词,只有一百多年历史,其西文本意是神与人的联系。按照西方宗教的说法,人和世界都是神创造的,但人被造之后背弃了神,所以必须通过宗教信仰和宗教行为,修复人和神之间关系,重新回归到神的怀抱。日本明治维新以后脱亚入欧,派出大量留学生到欧美学习自然科学和社会科学,也包括当时刚刚创建的宗教学,用中文的"旧瓶"装了西学的"新酒"。比如,哲学(philosophy)这个词就是日本人翻译的。中国没有哲学这个词,但是有"哲人",就是睿智

第五讲　教外别传与宗教兼通

的人,加上一个学字后缀,就成了"哲学"。"宗教"(religion)也是如此,用一个"宗"字再加一个"教"字,翻译成"宗教"。

中国古汉语中的"宗",就是祖宗、祖先,以及祭拜祖先的祖庙、宗庙。孔子讲"君子务本,本立而道生",即做人不能忘本,百善孝为先,欺师灭祖之徒在中国社会无法立足。在佛教没有传来之前,中国本土宗教的两大信仰特点是祖先崇拜和社稷崇拜。中国以农立国,所崇拜的土地神和谷物神成为国家政权的象征——社稷。

从"宗"的本义,引申出本原、根源、归向、终极神圣的意义。一神教的"宗",其教义思想和礼法基础,来自神的启示。佛教没有一神教那样的创世主。婆罗门教创世的大梵天,被收摄为佛教的护法神,地位仅在色界初禅天,而帝释天地位更低,位于欲界天第二层。大梵天与帝释天,都是有神力而无神格的凡夫众生。佛教也没有一神教那样的主宰者和审判者。根据业力因果论,众生受苦和享乐,皆由自己的行为所决定,是自作自受的报应。与超越的启示性宗教不同,佛教是内证性的宗教,佛教神圣性的根源在觉悟真理,即《法华经》所说:"唯以一大事因缘故出现于世。……欲令众生开佛知见使得清净故出现于世。"佛的知见就是佛的智慧,佛教在世上存在和发展的唯一理由,就是使广大众生开佛知见,都能见与佛齐,达到跟佛一样的觉悟。

"教",就是把觉悟到的真理在人世间传播,要有一套成体系的思想学说,故有教育、教化、学说的意思。中国古代虽然没有把"宗""教"两个字连起来用,作为现代意义上所理解的"宗教"。但类似的意义古已有之,比如《易传》说"圣人以神道设教,而天下服矣",就把宗教的本源、表现形式和社会功能,非常形象地表达出来了。圣人,就是圣明的领导者。神道,就是终极性的本源,体现为天道、天命、天帝。神道设教,以对神道的信仰而施设教化。天下服矣,就是宗教的社会功能。

(二)证法与教法

在中国佛教史上,把"宗"和"教"两字并举,来自南北朝时期的禅宗。达摩祖师远在南印度遥望东土,说"中土震旦有大乘气象",于是不远万里泛海来到中国,把衣钵传授给二祖慧可,并授予四卷本《楞伽经》以印心。经中将佛法称为宗通与说通。宗通,也称心通,即觉悟真理,通达实相;说通,也称教通,即说法通透,做到三根普被、老少咸宜。禅宗称自己是教外别传,指在经教之外的特别传授,即超越经教、规章制度的形式和表象,直接契入佛陀所悟的证法,故称自己是根源性的宗门。宗,指直契佛心,所以禅宗又称自己为佛心宗,以与依靠经教入门并传授的"教下"相区别。

证法,是佛教修行悟道的根源性、神圣性的本源。这个觉悟境界,不是语言思量等间接的认识所能表述,而是当下直观

第五讲　教外别传与宗教兼通

的现量认识。证量要借助特殊的身心训练方法,即通过禅观修行。禅定并不是释迦牟尼的发明,20世纪20年代在印度河谷出土的大瑜伽行者石像,经考古探知至少存在五千年了。禅定也叫瑜伽,是印度各宗教各哲学派别共同修行的方法,能使散乱的心灵保持专注、宁静、统一、平和,不受任何外在的干扰,从而使智慧的"火焰"升起。光凭共世间和外道的禅定,并不会必然产生佛教的智慧。对于佛陀所悟到的真理,禅定只是一个重要的助缘。其所悟真理主要是来自释迦牟尼深刻的人生体验,基于他批判性的哲学思考。

在我看来,释迦牟尼至少提出了三大批判。第一是社会批判,这是对印度不合理的种姓制度的批判。第二是思想批判。当时印度有六十二见或九十六种外道,可归结为两大哲学思潮:主流的婆罗门思潮和反主流的沙门思潮。反主流的思想并非就都是进步的,里面有不可知论者、怀疑论者、庸俗唯物主义者等各种思想。释迦牟尼作为沙门思潮的一员,站在中道立场,既批判婆罗门教的神创论,也批判沙门思潮里的错误思想。第三是人性批判,即把社会和思想的一切问题,归结为人心中最阴暗的层面,归结为贪、嗔、痴等烦恼。佛教要改变世界,就必须改变我们的内心,不妥协地清除精神污染,才能达到思想觉悟。只有以觉悟的心灵,才能改变生命主体,改变整个世界。需要强调的是,在证法层面,佛教不共于外道之处,更主要来自佛陀的哲学慧解。正是佛陀的社会批判、思想批判和人性批判，才得出缘起性空的哲学真理和众生平等的社会思想。

教法，指言教、经教、礼仪制度。佛把自己证悟的真理，借助语言文字在人间传播。依佛的言教所摄化的人群，以及历代佛弟子对佛法的修习、传承、弘扬，形成了具有共同信仰的社会群体，执行一定的礼仪制度和履行一定的社会义务，形成一整套物质外壳和各种艺术表现形式，这就叫作佛教。佛所悟到的真理是统一的，然佛法在传播中，则因接受者根机、理解角度、言说方式，以及社会文化的区别，产生大乘与小乘、宗门与教下的分流，在地域上就有中国佛教、日本佛教、欧美佛教的区别。

在人间传播的教法，都是用语言文字对觉悟境界的描述，经教和规章制度都是帮助达到觉悟的手段。禅宗，就是要复归佛的证境。不是"见指忘月"，而是"得月忘指"，抛弃一切支离蔓延的葛藤去实践佛道。一切经教都是手指，作用在指向真理的月亮。在没有觉悟之前，如果没有圣贤手指的指引，我们都像猴子一样在水中捞月。圣贤的教育就是让我们知道月亮在天上。世界上没有一个宗教或哲学流派，像佛教这样豁达开明。佛教认为一切经典、教理体系和规章制度，都是指月之指、渡河之筏。但是，在没有渡到彼岸之前，人依然还在生死苦海中沉浮，依然还在做水中捞月的蠢事。所以，才需要经典和善知识的指引。

(三) 契理与契机

把握证法与教法的辩证关系,就是通常讲的契理契机。契什么理?契实相之理,即佛陀所证之法。《法华经》告诉我们,佛与诸佛出现于世的大事因缘,在于使众生开佛之知见。太虚在《中国佛学》指出:"所谓佛之知见和诸法实相,就是佛的自证法界,亦即大乘法的本。"[1]由此可知,证法不变,谓之契理,即通达实相,超越知性层面的见闻觉知,直接开启佛之知见,体证诸法实相,契入佛的自证法界。教法可变,谓之契机。社会和时代在变,佛教也要随机应变,因应中国社会和文化的特点,在理论诠释方式和制度礼仪等方面,做出顺应时节因缘的变迁。

契理与契机,是佛法在世间存在和发展的内在要求。佛法在世间流传中,理和机之间存在着张力,如果处理不好,就会产生错位和异化,使佛教变得不像佛教。所以,历代都有大师从理论和实践上对异化和错位现象,进行不妥协的对治和调适。宗门所标榜的教外别传,不能简单理解成对教下各派的贬斥,而是指经教之外的特别传授,即超越烦琐的经院哲学和刻板的礼仪制度,对治形式主义和教条主义的流弊。禅宗称自己是根源性的宗门,即建立在广大众生的基础上,回归释迦牟尼的觉悟本怀。所谓别传,不是另起炉灶,而是直达佛教本质,契入佛

---

[1] 太虚:《中国佛学》,吉林人民出版社2013年版,第54页。

陀所悟的证法。

（四）如何理解"教外别传"

从思想史角度来看，禅宗作为独特的中国化佛教派别，其思想主干是涅槃佛性论，以般若空观为方法，融合了儒家的心性论和老庄的自然主义态度。在禅宗的历史演变中，宗和教两者的磨合和调适，大致表现为以下三种形态。这种概括或有不够周延之处，仅供参考。

第一个阶段是"藉教悟宗"，从初祖菩提达摩到五祖弘忍。藉，指借助；教，就是经教。因最初借助《楞伽经》传授"二入四行"的禅法，早期禅师也被称为楞伽师。四祖道信开始并弘《楞伽经》和《金刚经》，倡导农禅并重的生活，有了独立的道场和寺院经济。在禅宗思想史和制度史上，四祖是一个很关键的人物。到五祖弘忍则重点弘扬《金刚经》，六祖就是在五祖门下听讲《金刚经》悟道。不管是《楞伽经》还是《金刚经》，都是借助于经教而悟入释迦牟尼的证境，发明本性。

第二个阶段是"教外别传"，以六祖惠能为代表。六祖和他之后数代，是禅宗最鼎盛时期，公开标榜"不立文字，教外别传，直指人心，见性成佛"。禅宗虽讲不立文字，但《大藏经》里有这么多公案、语录、史传，文字最多的就数禅宗。禅宗不是不要文字、不读经典，而是以不立文字、摆脱教条的革新姿态，突破传统佛教的烦琐教义和刻板修行，直接复归到佛陀的证境，以主

第五讲 教外别传与宗教兼通

体当下顿悟为解脱之极境。

第三个阶段是"教禅一致"或"禅教兼通"。任何一种修行方法和口号,引向极端就走向反面,真理多走一步就成了谬误。"不立文字,教外别传",很多人以为经也不要读了,戒也不要持了,禅也不要修了。这就走向禅宗末流,产生野狐禅、口头禅、文字禅等流弊。这个情况非常像当下流行的所谓"土豪"佛学、"小资"佛学、"鸡汤"佛学。"江山代有才人出",针对禅宗末流抛弃经教,背离佛教根本精神的做法,历代大师就需要采取改革措施,不断地纠偏,其代表人物是唐代永嘉玄觉、圭峰宗密和五代末的永明延寿等。

可以说,佛教在世间的传播,是一个在发展中不断纠偏的过程:教外别传,纠教条主义、形式主义之偏;教禅一致,纠修正主义、自由主义之偏。总而言之,禅宗的精神就是要恢复佛教的觉悟本源。随着儒学的复兴和重建,禅宗渐渐与教下各宗合流。太虚用"禅观行演出台贤教,禅台贤流归净土行"这两句话,勾勒两千多年佛教发展大势。非大师不能为也。

教外别传,不是离开经教另搞一套。佛法从来是除病而不除法,病在于对法相的执着。菩萨行者不应该执取于法相而著有,拘泥局限于事相言说而陷入刻板的教条主义;也不应执取于非法相而沦于顽空,这是要导向恶道的恶趣空。大乘经典早就讲过,"宁起我见大如须弥,莫起空见细如芥子许"。法身无相,但无相的法身必须借助于幻相而显现,所以不应执取法相,也不应执取非法相。《金刚经》告诉我们:"是故不应取法,不应取非法。以是义故,如来常说:'汝等比丘,知我说法如筏喻者,法尚应舍,何况非法?'"

筏喻说来自《中阿含·筏喻经》。佛所说法如筏,一登涅槃彼岸,便应将筏抛弃。佛所说的正法尚且如是,何况不是正法的外道之法,那更应该抛弃!《金刚经》仍引筏喻,但法与非法的意义不同前说,更加具有哲理性。《金刚经》说"不应取法",指对一切法,包括对佛法的名相,都不应统统执取。不仅对世俗生活中的酒色财气、功名利禄不要执着,连学佛所修的六度万行以及所获得的功德,也统统应放下,这就是《金刚经》说的"应无所住而生其心"。不住,就是不执着,以不着相来修大乘的六度万行。六度之首是布施,《金刚经》首先以布施来说事。布施要三轮体空:没有布施者;没有被我所布施的人;也没有布施的东西。只有去掉对主客能所这些相的执着,才是真正的无相行善。进而言之,对菩萨道所行事相、大小乘修行的果位、成佛的佛身之相及所居佛土之相,也统统不能执着。但不执着法相,不能走向另外一个极端——断灭见。"不应取非法",非法,是指对于一切法的断灭见。所以,既不要执着法相,也不要执着非法相。

《金刚经》的筏喻说告诉人们:佛的经教是解脱生死之流

的船筏,登上涅槃彼岸,当然不应存有对此船筏的法执;但只要还在生死此岸,更不应陷入非法执,没有船筏凭什么渡过生死之海!故佛门经常讲:"依文解义,三世佛冤;离经一字,即同魔说。"如果我们仅仅依据文字去理解佛所说的义理,就会陷入形式主义和教条主义;但如果离开经教,背离佛的根本思想,那就如同魔说。有人就此问梦参老和尚应如何看待这两句话,梦老回答:"不即不离。"既不要陷入文字葛藤之中,也不能离开经教。"教外别传"不是离开宗教,实为教内真传,就是回归到释迦牟尼觉悟的本源,不要停留在文字经教上。

二、六祖惠能论宗教兼通

宗与教,是内容与形式、源与流的关系。宗,是根本,是源头;教,是形式,是流传。宗与教是统一的整体,相辅相成,不能偏废,不能偏重于宗而忽略了教,也不能偏重于教而忽略了宗。高举"教外别传"大旗的六祖本人,在《坛经》里就有禅教兼通的明确开示,我们分四个方面来谈。

(一)欲求见佛,但识众生

标榜不立文字的禅宗,究竟是如何看待经教,在见性成佛中经教又起到什么样的作用?六祖告诉我们:

善知识,一切修多罗及诸文字、大小二乘十二部经,皆因人置。因智慧性,方能建立。若无世人,一切万法本自不有。故知万法本自人兴。一切经书因人说有。缘其人中有愚有智,愚为小人,智为大人。愚者问于智人,智者与愚人说法。愚人忽然悟解心开,即与智人无别。(《坛经·般若品》)

六祖在此提出一个非常重要的原理,佛教经典的产生和流传,都是为人设置的。不论大乘小乘,不论在十二种体裁的经文中怎样说,都是为了提高凡夫众生的思想觉悟才建立起来的。人在认知上往往是"贫下中智",所以要老老实实地学佛法。当人人智慧都达到见与佛齐的高度,经教就不再需要了。佛经是说给众生听的,如果没有了众生,一切法都失去了作用。因为众生有不同根机,佛才对机说法,分别说了如此众多之法。只要人们还没有觉悟,还处在愚痴之中,那就需要有佛教的教化,需要先知先觉者去引导后知后觉者乃至不知不觉者。所以,要如四弘誓愿所示,永远行菩萨道:"众生无边誓愿度,烦恼无尽誓愿断,法门无量誓愿学,佛道无上誓愿成。"

经典的传播需要善知识的引导。善知识,是引导人走向真理的良师益友:一是教授善知识,如高僧大德;二是同行善知识,如同参道友;三是外护善知识,从政治、经济、财力、劳务上

第五讲　教外别传与宗教兼通

提供支持,护持佛法。在《坛经》中,六祖特别提到有内外两种善知识,最重要的是心内善知识。

第一种,是外善知识,在学佛没有入门之前,要借助善知识的指引。

> 若自不悟,须觅大善知识,解最上乘法者,直示正路。是善知识有大因缘,所谓化导令得见性。一切善法,因善知识能发起故。(《坛经·般若品》)

"师傅领进门,修行靠自身。"人要依靠外部善知识引导入门,唤起心内的善知识,见自己内在的佛性。

第二种,是心内善知识。《坛经》指出,迷信外部善知识的谬误,以及内求善知识的原理和方法。

> 三世诸佛,十二部经,在人性中本自具有。不能自悟,须求善知识指示方见。若自悟者,不假外求。若一向执,谓须他善知识方得解脱者,无有是处。何以故?自心内有知识自悟。若起邪迷妄念颠倒,外善知识虽有教授,救不可得。若起正真般若观照,一刹那间妄念俱灭。若识自性,一悟即至佛地。(《坛经·般若品》)

外部善知识是指引我们走向真理的良师益友,但仅是指点迷津的桥梁,是指向真理月亮的手指。若执着外在的事相,把解脱的希望全托付给外部善知识,是舍本求末的谬误。禅宗宗旨是识心见性,自性自度,其目的是直接去拥抱真理的月亮。人靠自己心内善知识,激发心中本具的真如自性,即佛性。人以般若智慧明心,使佛性显现,在菩萨行中成就佛身。

《坛经·付嘱品》记载六祖于国恩寺圆寂前,对弟子最后说法。他再次强调:

> 后代迷人,若识众生,即是佛性;若不识众生,万劫觅佛难逢。吾今教汝识自心众生,见自心佛性。欲求见佛,但识众生。

这是他临终的嘱咐,也是整部《坛经》的浓缩:"但用此心,直了成佛"。故六祖说:"汝等心若险曲,即佛在众生中,一念平直,即众生是佛。"

当然,一切经教和善知识都是外缘,关键是要唤起人内在的佛性。

(二)宗通与教通

在《坛经·般若品》的"无相颂"中,六祖开宗明义告诉我们:

> 说通及心通,如日处虚空。……说即虽万般,合理还归一。

心通,也叫宗通,即证道证法,这是佛教神圣性的根源。学佛的远大目标是开佛知见,做到见与佛齐。通,即通达超越语言文字的宇宙实相。说通,即教通,在领悟真理的基础上,要用通透的语言文字在人间传播,使不同根机的人都能理解接受。把佛教讲得曲高和寡没有人听得懂,等于白讲;但把佛教俗化、矮化,稀释成"鸡汤"也是不对的。

所以,无论是宗门还是教下,不管用什么样的说法,都要用佛陀的慧日照亮迷暗,都要循着经教的手指去直接拥抱真理的月亮。宗通与教通,目的是提升人的觉悟,开发人的智慧,并以《法华经》"会三归一"的思想条理贯通之。

(三) 乘是行义,不在口争

教法的贯彻在于行法,有了行法才能达到证法。《坛经·般若品》指出:

> 吾今为说摩诃般若波罗蜜法,使汝等各得智慧。志心谛听,吾为汝说。
>
> 世人终日口念般若,不识自性般若,犹如说食不饱。口但说空,万劫不得见性,终无有益。

大善知识讲经说法的目的,是让人在修行实践中彻见本性。要开发大智慧,必须心口相应,所以般若在行不在说。证法与教法,要在行法的实践中贯通为一:

> 善知识,"摩诃般若波罗蜜"是梵语,此言大智慧到彼岸。此须心行,不在口念。口念心不行,如幻如化,如露如

电。口念心行则心口相应,本性是佛,离性别无佛。

佛陀的各种说法,佛教的一切法门,都是为了通达实相。按《法华经》的说法,声闻、缘觉、菩萨这三乘佛法,都是适应不同根机众生的方便权说,最后由三乘而汇归到究竟的一佛乘。教下各有其判教体系,如天台宗的五时八教、华严宗的五教十宗,太虚大师则以五乘佛法判摄。但禅宗的判教方法,与教下各派从教相上判摄不一样。禅宗基于主体实践,强调的是能修的行相。在《坛经·机缘品》中,大通弟子智常求教三乘法与最上乘的关系。六祖针对智常所问,论述了独特的四乘佛法之次第:

> 法无四乘,人心自有等差。见闻转诵是小乘。悟法解义是中乘。依法修行是大乘。万法尽通,万法俱备,一切不染,离诸法相,一无所得,名最上乘。

六祖明确表示佛法是一味的,但在流传中因人的根机有利钝深浅而有差别,故在学佛的方法和类型中有了四乘或顿渐之分。小乘,仅仅根据耳目见闻去诵读经典,知其然不知其所以然。中乘,虽然能悟解佛法,知其所以然,但并没有躬行实践。大乘,就是理论与实践的统一,既悟六度万行之理,并且能身体力行。禅宗称自己为最上乘:"万法尽通,万法俱备,一切不染,离诸法相,一无所得,名最上乘。"

第五讲　教外别传与宗教兼通

禅宗讲的最上乘佛法,重在"一切不染,离诸法相,一无所得"的见地。最上乘佛法的宝塔顶,是以教下各乘佛法作为塔身塔基的。学习佛法,要掌握两个最基本的原则:一是基于理性又超越理性;二是立足人间而又超越人间。超越理性不等于反理性;超越人间不等于脱离人间。

六祖教诲智常:"乘是行义,不在口争。"佛法是一味的,但由于人心不等,根机不同,修行者在实践中产生了四乘等差。乘以运载为义,要在实行,能行即是乘,不在口说,更不在争辩外在的教相之高下。所以,不要把佛法人为地割裂开来,执着外在的法相,流于无谓的口水争执,产生宗派主义。

(四) 心迷法华转,心悟转法华

六祖对法达的开导,对于理解宗与教的关系,是一个非常典型而有趣的个案。

法达,洪州(今南昌)人。他七岁出家,每天背诵一遍《法华经》。唐代当和尚,是要参加国家考试的,除了考佛教基本知识,还要抽背《法华经》,所以有"选官不如选佛"的说法。六祖幼年丧父,家道中落,没有受过良好的教育。因此我们看《坛经》文字,确实是相当地草根化。而七岁就出家的法达,自恃诵《法华经》三千遍,虽慕名去参拜六祖大师,还是心存傲慢,并未做到头面礼足。六祖教育人,从来都是对"机"说法的。比如他得了衣钵,在四会等地蛰伏十五年后到广州法性寺,以既不是风动也不是幡动、是争论者分别心在动一语,惊动了正在讲经的印宗法师。他在与印宗对话时,也是对"机"说法,你既然在讲《涅槃经》,此经所讲佛性,就超越了人性的善与恶,所以明佛性是不二之法。现在这位法师名叫法达,六祖就用他的名字施以棒喝:"汝名法达,何曾达法?"六祖意指他只停留在文字层面的念诵,何曾领悟经文的精神实质。

六祖告诫法达:"法即甚达,汝心不达;经本无疑,汝心自疑。"佛法,有至理绝言的证法和语言传播的教法。一切佛经,无论深说、浅说,方便说、究竟说,都是帮助人进入唯证乃至的实相。不管用什么方式,佛经所指涉的真理都是圆满统一的,故说"法即甚达""经本无疑"。但人的根机有利钝智愚之分,故对佛经的理解有正疑深浅之别。六祖继续用偈颂开导法达:

> 汝今名法达,勤诵未休歇。空诵但循声,明心号菩萨。汝今有缘故,吾今为汝说,但信佛无言,莲华从口发。(《坛经·机缘品》)

意思是,法达虽然勤奋,天天背诵《法华经》,但那是小和尚念经有口无心,真正的佛法必须从心里去领悟。只有发自内心的智慧,才能口灿莲华,称性而谈。法达经过六祖开导,说虽然诵经十多年,还真不知道《法华经》的宗旨,请大师慈悲开示。六祖说自己不识字,让法达背给他听。当法达背诵到《譬喻品》

第五讲 教外别传与宗教兼通

时,六祖叫他打住,说:

> 此经原来以因缘出世为宗。纵说多种譬喻,亦无越于此。何者因缘? 经云:"诸佛世尊,唯以一大事因缘故出现于世。"一大事者,佛之知见也。(《坛经·机缘品》)

《法华经》有三周说法,对上根是法说,对中根是譬喻说,对下根是因缘说。不管用什么方法说,都是为了帮助众生开示悟入佛的知见,这就是三世十方诸佛出现于世的大事因缘。佛教存在于世上的根本理由,就是要打开佛的知见,让众生具有与佛一样的智慧。这"开示悟入"四个关键字,展现为上下贯通的两重通道:开与示,是三世十方诸佛出现于世的本怀,就是自上而下地开启、示导众生以佛的智慧;悟与入,是众生必须抬头仰望星空,接受佛的开示,要领悟、证入佛的知见。

法达原来是"空诵但循声",现在听了六祖开导,却又从一个极端走向另一个极端,他说现在领会了《法华经》的精神实质,所以从此就不劳诵经了。这就是原来着相,现在又着了非相。所以六祖批评他:

> 经有何过,岂障汝念? 只为迷悟在人,损益由己。口诵心行,即是转经;口诵心不行,即是被经转。听吾偈曰:心迷法华转,心悟转法华。诵经久不明,与义作仇家。无念念即正,有念念成邪。有无俱不计,长御白牛车。(《坛

经·机缘品》)

以上引证的六祖教诲,相当集中地概括了禅宗对于经教的学习态度。以下总结为三点。

一是处于迷茫时,须借助善知识开导,以《法华经》帮助自己超凡入圣;凡夫悟道后则自度度人,传播法华思想。口诵心行,弘扬佛法,把佛法的智慧大行于天下,即是转经;口诵心不行,即是被经所转。

二是一切经教都是佛为人而设置,目的是帮助人提高觉悟。如果把经教和仪轨对象化,陷入教条主义、形式主义,则反而成为解脱的障碍。正所谓"诵经久不明,反与法义作仇家"。

三是没有偏执的心念,就是正见;有偏执的心念,就是邪见。偏执,即陷入非此即彼的分别知见。原来将有口无心的诵经认为就是修行,那是执着于有相;现在走向反面,认为禅宗不需要诵经,那是执着于非相。只有超越有相与无相的两极对立,内心才能自由自在。

法达从此真正领会了《法华经》原理,踊跃欢喜,感叹十年中背诵了三千遍《法华经》,却根本没有领悟经教实质。只有到曹溪被六祖一句棒喝,法达才真正放下对文字相的迷执。若不明《法华经》开示悟入佛之知见的宗旨,岂能停歇累生以来的迷狂?六祖此时才肯定了法达:"汝今后方可名念经僧也。"

第五讲　教外别传与宗教兼通

法达进而请问：既然凡夫一悟就入佛之知见，那实际修行中为何还有三乘区别？六祖指出三乘权教与一佛乘的区别，关键在于眼界的高下、心量的大小。"诸三乘人，不能测佛智者，患在度量也。"所以，学佛就是要开佛的知见，要做到见与佛齐，量周法界。六祖接下来有句重要开示：

> 佛本为凡夫说，不为佛说。此理若不肯信者，从他退席。（《坛经·机缘品》）

一切佛经都是为众生而设置，不是说给佛听的。拜佛诵经，都是为了提高自己的觉悟。禅宗的宗旨是明心见性，直了成佛，即"佛向性中作，莫向身外求"。如果不明这个宗旨，那就像当年法华会上退席的五千增上慢者。佛说退亦佳矣，去除枝蔓之后，留下的就全是深具慧根的贞干。方便为究竟，不是否定三乘权教，而是作为一佛乘的有机组成部分。三界如火宅，人就在世间修行一乘佛法。

日本京都兴圣寺在宝历十二年（1762年）刻印《曹溪大师别传》，卷首载金龙沙门敬雄的《叙》，论述禅教兼通的关系，说三藏十二部经教好比是龙体，禅宗直指之旨好比是画龙点睛。那也得在龙体画好以后，才能点睛啊！教与禅相辅相成，不能分离，禅是教之纲，教是禅之网。"故禅者须达教，教者须参禅也。"

三、永嘉会通禅教的贡献

(一)永嘉玄觉的"一宿觉"

永嘉玄觉,童年出家,与左溪玄朗同出天台宗七祖慧威门下,精通天台止观法门,学大乘经论各有师承,因读《维摩经》发明心地。当时有惠能弟子玄策到访,发现玄觉出言暗合祖师悟境,问从何处得法?玄觉说自己学无常师,于读《维摩经》而悟佛心宗,但没有人给予印证。受玄策的激励,玄觉遂在玄策陪同下前往曹溪参谒。其生平所学所悟获得六祖认可,留下"一宿觉"的美谈。相传住宝林寺当晚玄觉作《永嘉证道歌》,他这样论述宗教兼通:

> 宗亦通,说亦通,定慧圆明不滞空。非但我今独达了,恒沙诸佛体皆同。

无论是宗门还是教下,关键在于"通"。通就是通达、通透、流通,佛法必须超越门户之见,在世间众生中流通。玄觉是天台宗的传人,他又得到了禅宗六祖的印证,这个事实就雄辩地证明了佛法的真理是统一的。无论是天台宗还是禅宗,他们所证得的真理,都与恒沙诸佛相通。玄觉的历史性贡献,就是在中国佛教史上最早展开了禅教会通的理论建构和修证实践。

第五讲　教外别传与宗教兼通

宗宝本《坛经》有两万多字,其中《机缘品》记载了六祖与十余名弟子的机缘对话。我们重点引述了其中记载比较详尽的两个案例。一个是刚才讨论过的"法达不达",六祖痛下针砭把他调教过来;另一个就是永嘉"一宿觉"。从玄觉与六祖的对话中,可见玄觉因修习天台止观并读《维摩经》而悟道在先,然后在与六祖的机锋辩论中,得到了六祖的勘验和认可。玄觉所悟与六祖所证,皆是释迦牟尼所觉悟到的真理。佛佛道同的悟境,是佛法之源,是佛教的立教之本。有此法源,佛教才能教法广化。玄觉与六祖的机锋辩论,历来为人津津乐道,这里全文引述讨论。

> 觉遂同策来参。绕师三匝,振锡而立。师曰:"夫沙门者,具三千威仪,八万细行,大德自何方而来,生大我慢。"觉曰:"生死事大,无常迅速。"师曰:"何不体取无生,了无速乎?"曰:"体即无生,了本无速。"师曰:"如是如是。"

玄觉手持锡杖围绕六祖转三圈,然后"哗"的一下振动锡杖,不卑不亢地持杖而立。根据丛林的通常礼节,玄觉应该跪拜顶礼,法达还拜了拜呢。六祖批评他怎么如此傲慢,见到堂头和尚,连最起码的礼节都没有!玄觉说:"我来这里是探讨超越生死的大事,生命在须臾之间,没有闲工夫拘泥于凡俗礼仪中。"

六祖知道他有修证功夫,有意在名相上设套勘验。既然你说"生死事大,无常迅速",那六祖就紧扣住生死问题追问:"何不体取无生,了无速乎?"(当你讲生死的时候,还是有生和死的对立;当你说"无常迅速",还是有动静迟速的分别。何不超越生死现象,体悟到无生的无为法?悟到无生境界,超越了生与灭、迟与速、动与静的分别,还有无常迅速的问题吗?)

玄觉则见招拆招,他的回答也是滴水不漏:"体即无生,了本无速。"(我所体悟的境界,早就超越了生与死、迟与速这些字面上的分别,从世间的无常生死,直逼超越生死动静的实相。)悟道的境界是"言语道断,心行处灭",即超越语言和思维。我们可用圆球来比喻佛所悟到的境界,比方说面对一个地球仪,我们必须把它分成经纬线,用语言和逻辑的方式,才能把圆球上面的具体细节分别言说。凡夫所认知的仅仅是圆球上一个点、一条线或一个片,认识都有片面性,无法把整个圆球表达出来。但悟道者超越了凡夫俗子点线面的局限性,能对圆球进行整体把握。凡圣的差别,在认识机制上表现为二与不二。凡夫的"二"就是分别识,把整体的圆球拆成点线面,处在以偏概全、非此即彼的偏执。悟道者是不二智,超越凡夫对点线面的分别执着,而掌握到实相的圆球。对悟道者而言,圆球上任何一点皆与圆心相等,在思维层面上的任何言语心行全是妙用。

两位高人过招,都是密不透风。六祖紧扣玄觉所说的"生

第五讲　教外别传与宗教兼通

死事大,无常迅速"一句话,环环相扣,穷问到底。玄觉则见招拆招,滴水不漏,这就是所谓的头头是道。玄觉悟道的心境,充分体现了对天台圆理的深刻洞察,才能在六祖的宗门钳锤下表现得潇洒自如。他现场的表现得到了六祖的认可,被赞许"如是如是"。玄觉得到六祖的印证,真正达到师徒间的心心相印,"玄觉方具威仪礼拜,须臾告辞"(这时才真正履行隆重的拜师礼,磕了头,打点行李就要回家了)。

> 师曰:"返太速乎?"曰:"本自非动。岂有速耶?"师曰:"谁知非动?"曰:"仁者自生分别。"师曰:"汝甚得无生之意。"曰:"无生岂有意耶?"师曰:"无意谁当分别?"曰:"分别亦非意。"师曰:"善哉!少留一宿。"时谓一宿觉。

六祖问:"返太速乎?"(何必这么快就返回去呢?)玄觉当即从实相层面应答:"本自非动。岂有速耶?"在实相的终极本体意义上,超越了生死和动静,所以叫作非动,也就超越了动与静、快与慢的名相分别。

既然谈实相,六祖进而勘验:"谁知非动?"(知道那个非动的是什么？是谁知非动?)玄觉马上又把话题扔回给六祖:"仁者自生分别。"(你要谈论谁知非动,就又在言语层面上陷入了主客、能所、动静之间的分别。)所以六祖非常欣慰地说:"汝甚得无生之意。"玄觉再次重申无生是实相境界,超越了主观与客观的分别:"无生岂有意耶?"(怎么还停留在分别意念上呢?)

这里所说的"分别"和"意",是指凡夫的意识分别,是二元性的思维方式。当年六祖在广州法性寺,因风幡之争而语惊四座:"不是风动,不是幡动,仁者心动。"风吹幡动,是风、幡、运动等众多因缘交互作用的结果,而割裂这一缘起的现象,孤立地执取幡的本性或风的本性为运动的原因,正是人的分别心在作怪。所谓"心动",是活人当然心念会动,这里"动"是指"分别心"。就如"无念法门",不是枯木寒岩般没有念头,"无"是否定,"念"是妄念,是要否定妄念,时时提起与真如相应的正念。现在玄觉说六祖"仁者自生分别",显然就是用当年六祖亮相江湖时的"不是风动,不是幡动,仁者心动"这句名言来回赠六祖。

在破除凡夫的分别识,领悟实相以后,悟道者还得善用名相分别。也就是说,在把握对球体的整体认识之后,悟道者还是要用点、线、面的方式为众生分别说法。在理性思维的层面上,该说点的时候还是得说点,该说线的时候还是得说线。所以六祖进一步考核玄觉是否认识到"分别"的第二层含义:"无意谁当分别?"玄觉立即回答:"分别亦非意。"玄觉的应答滴水不漏,深得六祖赞赏。

此"分别亦非意"的分别,并非凡夫认识层面上的分别意识,而是能观照实相的智慧,超越了主客、能所的分别,而又能由体达用,善用一切言语名相。这里所表现的高超圆融的智慧,也就是玄觉借以悟道的《维摩经》所说"能善分别诸法相,于第一义而不动"之现量直观,即真正从总体上把握了实相这个圆球,球体上任何经纬度和点线面的具体细节,也都了然于胸,可以娓娓道来。在没有觉悟之前,分别是悟道的障碍。悟道之后,悟道者还得从空入假,善巧地分别名相为众生演说真理。对实相的现量直观,悟道者依然要用比量的逻辑方式为大众说法。从空出假,由体达用,也就是六祖闻《金刚经》"应无所住而生其心"的彻见自性的大机大用。应无所住,是"本来无一物,何处惹尘埃"的毕竟空性,但并非停留在空无,一切空中涵盖万有。菩萨以度众生的大悲愿"而生其心",生起菩提心、清净心、大悲心。

(二) 禅教兼通的《永嘉集》

以上介绍了玄觉悟道的经历,以及他被六祖勘验印证的过程。六祖对玄觉非常赞赏,挽留他住了一晚,留下"一宿觉"的美谈。留住宝林寺当晚,他写下了《证道歌》。回到温州以后他继续教化利益道俗大众。在玄觉圆寂之后,在家弟子庆州刺史魏静把他的著作编成类似于教科书的《禅宗永嘉集》。

明代无尽传灯按照天台宗止观体系,重新编辑《永嘉禅宗集》,在序中论述禅与教在历史中的离合,将玄觉的历史贡献定位在会通禅教:

夫性以不二为宗,心以无差为旨,此禅教之所公共者也。果离教而有禅耶,离禅而有教耶?……然而道犹水也,传犹流也。始则合而未离,吾将质之释迦,同耶异耶?中则离而未合,吾将质之诸禅教得道诸祖,同耶异耶?末则离而复合,异而归同,吾又将质诸真觉大师之为是集矣!余谓微此集,则禅教始终而不合。微此旨,则如来心宗卒不明。

"性以不二为宗,心以无差为旨。"天台与禅宗,只是门庭施设上的教化方式不同,究竟指归则与释迦牟尼一脉相承,即以般若智慧证悟不二真如法性。无论宗门还是教下,沿流溯源,皆以释迦牟尼所证之法为共同的本源,是一切教法的合法性基础。佛佛道同,佛所悟的真理是一味的,好比众流之源、水中之体。至于历代祖师所传承弘扬的教法,犹如世上传布的河流,在不同社会文化环境中,因应接受者不同根机,在理解角度和言说方式产生了差别。从最初"合而未离",到后来"离而未合",分河饮水,有了宗派门户之见。然而,佛教具有强大的对治能力,代有大师出现,使"离而复合,异而归同"。真觉大师这部《永嘉禅宗集》,对治宗门与教下的分离流弊,致力于禅教兼通,使如来的觉悟宗旨焕然大明。

师从止观悟入,《净名》旁通,南印曹溪,师资道合。则

第五讲　教外别传与宗教兼通

此集者,乃大师还瓯江时之所撰所述,以明授受之际,心宗的旨。(序文)

释迦如来四十九年究竟指归,归乎此也;南岳天台,祖祖相传,传乎此也;真觉大师天宫悟入,悟入乎此也;南往曹溪以求印可,印可乎此也;洎归东瓯,利益道俗之所演说,演说乎此也。从兹悟入,是为圆顿上乘。(对"禅宗"的注释)

传灯在序文和对"禅宗"的注释中,把禅与教置于历史的长河中,考察其流变,梳理其源与流、本与迹的关系。因此,禅教兼通并不是混同天台与禅宗的区别,而是在保持各自特点的前提下,共同回归佛陀悟境的本源,即"释迦如来四十九年究竟指归"。

玄觉本人的经历,就是禅教兼通的典范。天台宗自南岳慧思和天台智者以来的历代祖师,传承的就是释迦如来的思想。玄觉从天台七祖天宫慧威接受止观的传承,因读《维摩经》而发明心地。其所悟所证,得到了禅宗六祖的印可,故在名分上又是禅宗的传人。玄觉回温州教化道俗大众,所撰所述的这部文集,沿流溯源,皆是力图阐明释迦牟尼所悟,以及历代祖师所行所说"心宗的旨""圆顿上乘"。

(三) 见解依六祖,用功如永嘉

《永嘉集》有两种编法。第一个版本《禅宗永嘉集》,是玄觉的俗家弟子庆州刺史魏静在玄觉圆寂后所编,共有十门:慕道志仪、戒憍奢意、净修三业、奢摩他颂、毗婆舍那颂、优毕叉颂、三乘渐次、理事不二、劝友人书、发愿文。其中,初三门为序分,次五门为正宗分,后二门为流通分。

第二个版本是明代无尽传灯所编《永嘉禅宗集》,按照天台宗的教观体系,将全书次序重新调整为:归敬三宝、发宏誓愿、亲近师友、衣食诫警、净修三业、三乘阶次、理事不二、简示偏圆、正修止观、观心十门。不过,传灯在重编中删除了《劝友人书》,殊为可惜。左溪玄朗禀承传统的修行路径,强调要在寂静的山林中坐禅。玄觉在回信中指出修行者所重视的是道,并非居处的幽寂与否。"是以见道忘山者,人间亦寂也;见山忘道者,山中乃喧也。"这一说法与六祖惠能"佛法在世间,不离世间觉"同一意趣,使超越的佛法走向人间,论证了山居修道与人间弘化的统一。

比较两种版本篇目的调整,我们可看出传灯的用心,是一部提供了从前行、正修到融会禅教的修学教科书。汉传佛教也有类似于宗喀巴《菩提道次第广论》这样谈修行次第的教科书,篇幅宏大的像《摩诃止观》和《宗镜录》,篇幅适中的就是《永嘉集》。我们还可把《永嘉集》的修学次第与《坛经》做比较。哈磊把丁福保所著的《坛经笺注》重新标点并附注大量资料再出版。陈兵教授在《导读》中提到,不次第行的禅宗"直指心性",其实

第五讲 教外别传与宗教兼通

也是有修行次第的。

讲到《坛经》,敦煌本是现在所见最早的传宗本,把最主要的修行法门抄了下来,有此法本的才是南宗弟子。敦煌本在历史中封存上千年,没有经过战乱和社会变动,比较好地保存了当时的原样。留在宝林寺的是全本,宗宝本依据的是南宗祖庭宝林寺的本子,当然有其权威性,但也经过历代修订。与《永嘉集》一样,后人在编辑中会有增订,并对次序有所调整。敦煌本行文顺序中,紧接着宗宝本《行由品》之后的是《定慧品》内容,宣称"我此法门从上以来,先立无念为宗,无相为体,无住为本",接着就是《坐禅品》和《忏悔品》内容。从《坛经》形成的缘起来看,自六祖在广州法性寺亮相及名声大振后,韶州刺史韦璩请大师出山到韶州城内大梵寺,为僧俗大众一千余人开坛说法,授无相戒,说般若法。开坛者,开无相戒坛,授戒内容主要集中在《忏悔品》。

《坛经》是在教下阐明的教法基础上,讲求最高的见地,不等于禅宗不要次第。陈兵教授将散见在《坛经》的修学次第归纳为三大部分:前行、正行和"随方解缚"的教学法。[①] 前行的内容主要集中在《忏悔品》,有依止善知识、传香、忏悔、发心、归依、得正见、在生活中修行七个阶段,这与《永嘉集》的前行相当

---

① 丁福保笺注、陈兵导读、哈磊整理:《坛经》,上海古籍出版社2011年版。

接近：归敬三宝、发宏誓愿、亲近师友、衣食诫警、净修三业、三乘阶次。正行包括：言下见性，以无念、无相、无住调心，入三三昧。"随方解缚"的教学法出自《顿渐品》，即《般若品》所说"欲拟化他人，自须有方便"，针对不同说法对象而灵活机动地对机说法。

禅宗看重见地，并没有否定教理、教制的整套体系。一乘顿教是以不二的中观正见，融会自行与化他、见地与修行、世间与出世间法的关系。与无尽传灯同时代，明末四大高僧之首憨山德清禅师，在写给侍御徐明宇的信里指出，修行的方法，各种经论都有论述，如果把它们当作玄妙的话头，死扣名相，反而增加了一重障碍。《六祖坛经》最为心地法门之指南，但中下根机之人，若无依教修行的工夫，很难领悟《坛经》的玄旨。故他强调：

> 《永嘉集》一书，实是《坛经》注脚。若见解依六祖，用工夫如永嘉，何患不一超直入？只恐作话会耳。《楞伽》最是直捷，只是难看。独此二书可为羽翼，愿公留心念之。（《憨山老人梦游集·卷第十五·与徐明宇侍御》）

憨山推荐《楞伽经》和《永嘉集》两本书，作为《坛经》的入门书，尤其推崇《永嘉集》。"见解依六祖，用功如永嘉"，憨山此语极为精辟,高屋建瓴地为禅教会通指出可供操作的学习进路。

四、太虚论重建中国佛学

(一)佛教的立教之本

佛教的信仰合法性,不在于单向度地适应世俗社会,而在于不共世间法的"佛之知见",此为佛教的立教之本。就像一个苹果,离开了苹果核这个信仰核心,果皮果肉也就失去了灵魂。

太虚大师1943年于汉藏教理院讲《中国佛学》,对中国化佛学作一纵贯之叙述。他引用《法华经》"三世诸佛皆以一大事因缘故出现于世,所谓为令一切众生开示悟入佛之知见故",点明了佛教存在于世界上的唯一理由。大事因缘,就是要使一切众生都能达到佛所具有的知见,领悟到唯佛才能达到的诸法实相。故太虚强调:"所谓佛之知见和诸法实相,就是佛的自证法界,即大乘法的本。"

《中国佛学》一共有五章:一是绪论;二是中国佛学特质在禅;三是禅观行演为台贤教;四是禅台贤流归净土行;五是重建中国佛学。在绪论中,太虚大师论述了大乘佛法的本质,他所画的这个图(如图1)可视为中国佛学的大纲:

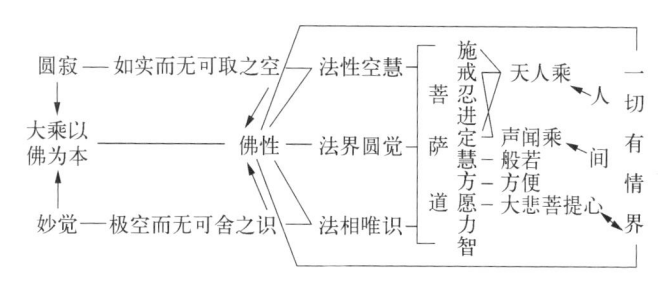

```
圆寂——如实而无可取之空 ── 法性空慧 ┐     ┌施      ┌天人乘 ┐ ┐一
                                      │      │戒            ↘│ │切
大乘以                                  ├菩萨道┤忍  ┌声闻乘── 人│ │有
佛为本──────佛性───法界圆觉 ┤      │进  │般若── 间│ │情
                                      │      │定  │方便         │ │
妙觉——极空而无可舍之识 ── 法相唯识 ┘      │慧  └大悲菩提心↗ │ │界
                                             │方
                                             │愿
                                             └智力
```

图 1　太虚的中国佛学大纲①

大乘以佛为本,佛是悟道者,此指佛法界或佛陀的自证法界。佛的自证法界有体用两个方面:体是无上涅槃(圆寂),用是无上菩提(妙觉)。太虚以圆寂和妙觉这两个根本概念,使佛法界或佛陀的自证法界具有丰富而广大的内涵。

圆寂,即功德圆满,过患寂灭;此指无上圆满的大寂灭。圆寂就是佛教的终极目标无上涅槃,太虚界定为"如实而无可取之空"。如实,即佛所悟的真如实相,宇宙众生的终极真理。空,佛与众生共同的诸法空性,通于有情无情。无可取,以空性智慧扫除一切妄想执着,即《心经》所说"是诸法空相,不生不灭,不垢不净,不增不减",即《坛经》所说"本来无一物,何处惹尘埃"。佛教哲学的特质就是:认识上对终极真理的体证,即信仰上对终极目标涅槃的完成。

---

① 引自太虚:《太虚佛学》,浙江古籍出版社 2012 年版,第 4 页。

第五讲 教外别传与宗教兼通

妙觉即无上菩提，被太虚界定为"极空而无可舍之识"。此心识的明了觉知性，有其转变可能性，由众生可以转变成佛。想达到圆寂的终极境界，要有般若的智慧，而般若智慧的每一步成长，即成就菩提。对般若来讲，菩提是果；对涅槃来讲，菩提就是因。从此岸的生死苦海到达解脱的涅槃彼岸，最根本的要点即般若、菩提、涅槃这三个主要概念。无上涅槃（圆寂）是体，无上菩提（妙觉）是用。悟道者不仅自己觉悟，还要使大众都能觉悟，就要有高明的智慧。正所谓"能善分别诸法相，于第一义而不动"，即需要有中道智慧，非常善巧地利用一切众生所能听懂的语言来引导众生。

一切有情界就是众生法或众生法界。众生法界和佛法界共处同一边际，涅槃与世间，无二无分别。对觉悟者来讲，众生界就是佛法界。连接佛法界与一切有情众生的理论枢纽，就是佛性，此为众生接受佛陀教化的可能性，以及众生最后成佛的依据。佛性是众生与佛相通的心法；修行证果通往成佛目标，那就是证法；佛为众生开示悟入佛之知见的一切教化，那就是教法。若以阴阳鱼图案为喻：一半为白，指我们生命的本质就是佛性；一半为黑，指遮蔽我们佛性的烦恼。百法的五十一个心所法中，烦恼心所就有二十六个。所以，佛学的要旨是做减法，清除一切精神污染。

佛性，指佛的本质体性或众生成佛的依据，太虚以理佛性、隐密佛性和事佛性三者来解释,此佛性是心佛众生三法中的心法。理佛性,佛与众生皆以法性为依,故从本元上推论众生与佛不二。隐密佛性,众生虽然杂染,但清净的佛性仍隐藏其中。事佛性,理通过事用而实现,在因位上众生隐密的佛性(如来藏),通过修行实践使本元由隐而显,实现为佛陀的果位。

世亲在《佛性论》里,提出三种佛性,可与天台宗的六即佛相对应。1. 住自性佛性,众生先天具有之佛性,相当于天台的理即;2. 引出佛性,通过佛教修行所引发之佛性,把隐密在众生心中的佛性引发出来,相当于天台的名字即、观行即、相似即、分真即;3. 至得果佛性,至佛果始圆满显发者,相当于天台的究竟即。

(二)大乘三系之抉择

一味的佛法通过佛性,从佛法界,连接着一切有情界。按太虚的说法,一切有情界包括三界五趣的依正二报,若广言之,亦可包括三乘圣者而为九法界。所以,对佛而言,"实际理地,不立一本",为欲悟他,故从教法上依众生根机而分三级教法化导众生,即五乘共法、三乘共法和大乘特法。在五乘共法中,人乘和天乘是世间安乐道;声闻、缘觉和菩萨三乘是出世间解脱道;而菩萨乘以度一切众生都能解脱,是不共的大乘菩提道。

第五讲　教外别传与宗教兼通

中国佛教主要是大乘法,化导众生所施设的教法,从教理上可以分成三宗。大乘特法为菩萨所特有,以一实相印为标准,实相统摄一切有为法和无为法。在《佛法总抉择谈》和《佛学概论》中,太虚根据大乘各派对实相领悟及阐释的进路,将大乘法区分为三宗:侧重诸法毕竟空者,为简择法性为主之般若宗;明五法三自性,八识二无我者,为侧重有为法为主之唯识宗;明法界无障碍义者,则为侧重无为法为主之真如宗。[①] 在《我怎样判摄一切佛法》中,名词上稍有出入,般若宗改为法性空慧宗、唯识宗改为法相唯识宗、真如宗改为法界圆觉宗。[②]

为方便理解太虚的大乘三宗的思想脉络,我们先将中国大乘八大宗派列一图(如图2)。注重实践层面的,有律宗、密宗、净土宗。侧重于理论方面的,有从印度传来的中观、唯识和如来藏三大系统。太虚将这三系统分别判摄为:1.法性空慧宗(印顺法师改为性空唯名系),相对应的是中国的三论宗;2.法相唯识宗(印顺法师改为虚妄唯识系),相对应的是中国的唯识宗;3.法界圆觉宗(印顺法师改为真常唯心系),相对应的是天台、华严、禅宗这最具中国化特点的三大宗派。

---

① 太虚:《太虚佛学》,第165—170页。
② 太虚:《我怎样判摄一切佛法》,《觉音》1940年第18期,第4—24页。

```
                    ┌──────────┐
                    │ 中国大乘  │
                    │ 八大宗派  │
                    └──────────┘
              ┌──────┐    ┌──────┐
              │ 律宗 │    │ 密宗 │
              └──────┘    └──────┘
              ┌──────┐
              │ 净土宗│
              └──────┘
   ┌──────────┐  ┌──────────┐  ┌──────────┐
   │ 法性空慧宗│  │法界圆觉宗│  │法相唯识宗│
   │ 性空唯名系│  │真常唯心系│  │虚妄唯识系│
   └──────────┘  └──────────┘  └──────────┘
   ┌──────────┐  ┌──────────┐  ┌──────────┐
   │          │  │ 天台宗   │  │          │
   │ 三论宗   │  │ 华严宗   │  │ 唯识宗   │
   │          │  │ 禅宗     │  │          │
   └──────────┘  └──────────┘  └──────────┘
```

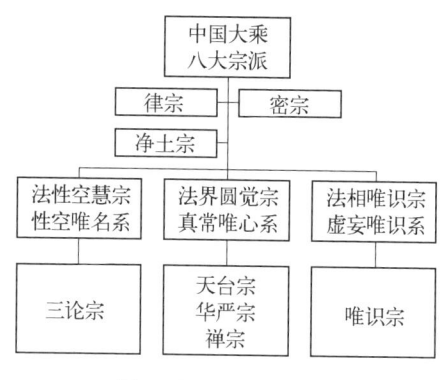

图 2　中国大乘八大宗派

法性空慧宗,"约如实而无可取之空而言",即直探法性本质。法相唯识宗,依种子功能的开发与未开发而立,这是"约极空而无可舍之识而言",即从法相现象入手。法界圆觉宗,"直从佛法界及约众生可能成佛之佛性而言",即从佛菩萨的果地,站在觉悟者的高度来俯瞰整个世间与出世间。印度大乘佛学分中观和唯识两大思想流派。如来藏思想并非主流,但到了中国,天台、华严、禅宗皆依如来藏思想为主而成为中国佛教的主流宗派。依中国"人皆可以为尧舜"的文化精神,"一切众生皆能成佛"成为中国人可以接受的共识。唯识学三传而衰,并非完全是因教义烦琐,天台、华严的教义体系未必比唯识宗简单。主要原因,一是五种性说,有一部分人不能成佛;一是转依说,具有变革社会、变革世界的革命性含义。

第五讲 教外别传与宗教兼通

佛陀所觉悟的一味的佛法,通过佛性这条线连接到一切有情界。为适应众生的不同机宜,佛法成此法界圆觉宗、法性空慧宗、法相唯识宗三宗之教理。太虚大师写《佛法总抉择谈》,其意图也是说明佛法在人间的传播是教法,而教法必须契机,故为适应众生的根机而表现各种派别。这些教派都是从不同侧面、不同角度对佛法的诠释,殊途而同归,故不能是自非他、唯我独尊。

(三) 中国佛学的特质在禅

本着这个思路,太虚在《中国佛学》第二章《中国佛学特质在禅》提及,"不同地域所传播的佛教,各有其特点"。南洋地区佛法之特质在律仪;日本佛教特点则在于闻慧及通俗应用;中国佛教特质是重禅。禅,在中国佛教史上分成两类:依教修心的教下禅和悟性成佛的宗门禅。教下禅有安般禅、五门禅、念佛禅和实相禅。宗门禅分成超佛祖师禅和越祖分灯禅两大阶段,以六祖作为分界线。宗门禅,并非通常所说的禅定之禅,而是指定慧一体之禅。太虚谈到教下各派中,最具有中国特色的是天台宗和华严宗,其早期祖师也是禅师,在道宣《续高僧传》中,是把他们列入《习禅篇》的。太虚勾勒了从宗出教的进路:"实相禅布为天台教,如来禅演出贤首教。"不管是宗门的悟心成佛禅,还是教下的依教修心禅,"从宗出教"的路径则一,即从禅观行推演出各自宗派的教理系统,以证法为教法的神圣性源头,又以证悟为实践教法的归宿。

中国佛学的特质在禅,太虚概括为两大原因,并做如下解释:"第一来自梵僧的教化风度,第二来自中国本土知识分子的思想特点。所谓梵僧,指来自印度、南洋和西域各地的传教者之通称。梵僧到中国有四个特点,引起了中国人的尊重。一是端肃之仪态:行住坐卧四威仪使人肃然起敬。二是渊默之风度:因深有修养,使人深不可测。三是神妙之显扬:以神异显扬的力量,功尤显著。四是密奥之探索:初传高僧,所至皆有神德感通"[①]。

梁代慧皎著《高僧传》,把为中国佛教做出杰出贡献的高僧列为十科:译经、义解、神异、习禅、明律、忘身、诵经、兴福、经师和唱导。自梁传之后,历代高僧传皆将译经和义解位居前二科。若无历代译经师和义解师的翻译和研究,我们今天还在黑暗中徘徊。第三科就有差异了。《梁高僧传》列神异为第三。佛教初传时,中国人对教理方面不甚清楚,比较感兴趣的是神通。到了东晋道安之时,他一改其师佛图澄以神通著名的作略,通过严谨的学术考证和制度建设,为中国佛教开出了一条康庄大道。故到《唐高僧传》,神异(感通)就下降到了第六科,而将佛教的核心价值戒、定、慧三学置于前列,神通则处于边缘

① 太虚:《太虚佛学》,第12页。

第五讲 教外别传与宗教兼通

的地位。从《梁高僧传》将神异列为第三科可知,这些梵僧能使人起"仰之弥高,钻之弥坚"的观感,使一般趋向修学的人,皆视佛法为深奥神秘,肯死心刻苦探索。但太虚着重指出,因中国文化已经高度发达,仅从高深莫测而极欲探索,也可能成为神秘信仰之佛教。"但是仅就这一方面,还不能成为中国佛学之特质在禅,还可能成为一种神秘信仰之佛教;故还须从另一方面去说。"[1]

中国佛学的特质在禅的原因之二:华士之社会风尚。华士,即具有高度中华文明的读书之士——士君子、士大夫。当时中国的社会风尚可概括如下:第一是思想玄要:皆尚简括综合的玄理要旨。第二是言语隽朴:要言不繁,能实在表示出精义。第三是品行恬逸:唯清高静逸是崇,如竹林七贤等高隐静修。第四是生活力俭:重于自食其力之俭朴淡泊,如诸葛亮、陶渊明二人。佛教传入中国以后,形成了通俗和精英的两大传统,在通俗的农工商方面,即成为报应灵感之信仰。在此,太虚显然是强调精英佛教的影响:

> 以士人思想之玄要,言语之隽朴,品行之恬逸,生活之力俭,遂形成如四十二章经、八大人觉经等简要的佛学,适合当时文化,机教相扣。同时乐于山洞崖窟,过其简单生

---

[1] 太虚:《太虚佛学》,第12页。

活,禅静修养;遇有访求参问者,为示简要而切于实际之要旨。如此适于士人习俗之风尚,遂养成中国佛学在禅之特质。①

所以,禅宗的产生是印度与中国两大高级文化相互激荡的产物。印度及西域各地僧人来中国弘化,必须适应中国的社会习俗和士大夫玄简高逸的时尚。因缘和合之下,成为当时习尚禅定的佛学,并奠定了两千多年来中国佛学的基础。太虚提到:"曾有过重于律仪,以小乘律行化,虽有少数人学,但终不能通行。复传习过毗昙、成实、中论、唯识、因明等重分析辩论的佛学,但由于烦琐,不能握其简要,故不甚昌盛。"②后来各家学派逐渐并入大乘宗派。因此,中国佛学之特质在禅,主要因适合士大夫玄简高逸的时尚而得到流行。

若抽去此士夫思想关系,仅由敬崇梵僧则变成神咒感应之信仰,或成为乐著分析辩论之学术。比如西藏原没有文化,故成为神咒佛教。南洋气候生活接近印度,故易重律仪。而中国在其玄简习士中,成为精澈之禅风,这就是中国佛学之特质在禅的原因。③

----

① 太虚:《太虚佛学》,第13页。
② 太虚:《太虚佛学》,第13页。
③ 太虚:《太虚佛学》,第12页。

太虚这一论述非常精辟,有助于我们了解整个中国佛教发展的大势和特点。

(四)"汉经融藏典,教理叩禅关"

太虚特别强调,道安、慧远一系,开创了中国佛学的主流,即汉传佛教的天台、贤首、宗门下及晚期净土行诸祖,虽迭受旁流的影响,仍保持着主流而演变下来,其特点是本佛、重经、博约、重行:

> 1. 本佛,可以说是佛本论。就是在他的直承于佛,推本于佛,而非后来分了派别的佛教。佛是总括行果、智境、依正、主伴的,如道安主张以释为姓,亦是一个表征。2. 重经,因他是本佛的,所以其次便重佛所说的经以包括律论,决不以论为主。3. 博约,就是他能够由博览而约要,一面固须博览群经,但又要从博览中抉出诸法的要旨。4. 重行,即依所约要旨而本之去实践修行。由是而即教即禅之主流形成,直承此主流而增长的则为慧远等;直为根柢滋养者,则为安世高、昙无谶,实叉难陀译经等。

太虚认为作为印度佛教主流的中观、唯识两大系统,到了中国反而成了旁流:一为承传龙树提婆学系的罗什等;一为承传无著世亲学系的流支、真谛、玄奘等。这两大思潮都曾影响主流,并被消化、吸收在主流里,成为中国主流佛教的有机组成部分。两个辅助的旁流,对应于主流佛教的本佛、重经、博约、重行,也具有本理、重论、授受、重学等四个特点:

> 本理的,它不像道安的直本于佛,而所本的是空或唯识的理(以整个佛果言,理为境之一分)。重论的,因为是本理的,所以他们并不直据佛说的经,只以发挥此理的各祖师所著的论典为重。授受的,因为重论,因此它们的思想也便拘入几部论的范围内,传授而承受,不能博取佛一切经而发挥伟大的创作。重学的,他们平常都孜孜钻研讲说,而不能往经中摘取要旨去修行证果。[1]

太虚辨析中国主流佛教特点之后,进而分析汉传佛教与藏传佛教的差异。他感叹中国当时虽有能融会禅教者,但惜无有次第之建立。禅的见地,要以戒律和教理作为基础。如果说禅的见地是盆鲜花,那么鲜花下面要有非常壮观的花架来衬托。西藏的宗喀巴大师,以教律建密宗,密宗犹如一个花盆,教律则如一个花架,以其花架坚牢,故花盆高显。太虚认为,中国历史上禅师的见地其实远在有些喇嘛之上,"我以为若非宗喀巴之

---

[1] 太虚:《太虚佛学》,第137页。

第五讲　教外别传与宗教兼通

教义戒律上重建西藏密宗,则其密宗当反不如今日中国之禅林也"。禅宗注重见地,盛唐时代佛教高度发展,教理研究和制度建设是大家都知道的共通基础,故更强调"百丈竿头,更进一步"的见地。但是当禅教末流使教理、律制与见地产生了隔阂分离以后,世人反而以为汉地主流佛教没有系统的修学次第。故太虚大师感叹:"中国古时虽能会教明禅,然未能从教律之次第上,而稳建禅宗,致末流颓败,一代不如一代也。"所以,中国佛教,尤其是汉传佛教,首先要把基础筑牢,宗门禅不能离开教理与教制的基础。

汉传佛教要真正重建自己的修学体系,就要学习藏传佛教和南传佛教的一切长处,还要学习世界学术界的各种研究成果,在坚持自己主流的基础上,同时吸收其他支流、旁流的长处。在《中国佛学》最后一章《中国佛学之重建》中,太虚提出了两大要点。第一是普遍融摄前说诸义为资源,而为中国即世界佛教的重新创建。第二是不是依任何一古代宗义或一异地教派来改建,而是探本于佛的行果、境智、依正、主伴而重重无尽的一切佛法。这就是说,不管是龙树、提婆系统的中观学派,还是无著、世亲系统的唯识学派,不管是藏传佛教,还是南传佛教,统统成为中国佛教重建的资源。

中国佛学的重建,还必须进入主流社会中。太虚指出:要"依人乘趣大乘行果",即推行人间佛教,其要点有二:一是阐明佛教发达人生的理论；二是推行佛教利益人生的事业。①

佛教有人生四难的说法：人身难得，中国难生，明师难遇，佛法难闻。人身难得，我们已得。中国，指佛法昌盛之区，原指释迦牟尼行化的区域。自玄奘大师之后，华夏中国也就成为名副其实的佛法之中国。明师依然难遇，好在佛法已经易闻。互联网时代，原来束之高阁、一般民众根本看不到摸不着的佛经，现在触手可及。

2017年初我参访重庆汉藏教理院遗址，见太虚舍利塔镌刻太虚大师《缙云山汉藏教理院开学》二首诗，其一：

> 温泉辟幽径，斜上缙云山，岩石喧飞瀑，松杉展笑颜。
> 汉经融藏典，教理叩禅关，佛地无余障，人天任往还。

这首诗点明了汉藏教理院的办学宗旨，亦为人间佛教的定位与中国佛学的重建，指出清晰的思想路线图。"汉经融藏典，教理叩禅关"这两句，体现了太虚大师海纳百川的胸怀，要建立起融摄世界一切先进成果的新佛学，而这个"新"就是建立在中国本位基础上的新佛学。

汉经融藏典：不为专承一宗之徒裔，亦无民族和国界的限制，而是汲取佛教内外一切新学新知，以期融汇贯通汉藏佛学

---

① 太虚：《太虚佛学》，第138—139页。

第五讲　教外别传与宗教兼通

乃至世界三大语系佛学的思想资源而重建中国佛学。

教理叩禅关：坚持修证本位，既非研究佛书之学者，亦不停留在教理层面，而是沿流溯源，摄用归体，以开佛之知见，证入诸法实相为究竟。人间佛教的推行，中国佛学的重建，皆为学菩萨发心修行，无求即时成佛之贪心，尽未来际，而臻法界圆明的成佛境界。教理扣禅关，禅就是直接了当进入宗门的路径。

在《新与融贯》中，太虚大师强调：建立中国佛教本位的新佛教，既不是抱残守缺、固步自封，也不是数典忘祖、反客为主。有两条原则：一是扫去中国佛教不能适应中国目前及将来的需求的病态，二是揭破离开中国佛教本位而易以异地异代的新谬见。[①]

余论

以大乘佛法为本位，以汉传佛教为主流，同时融摄世界一切先进成果以期中国佛学之重建。后人能做的就是承前启后，

[①] 太虚大师全书编纂委员会：《太虚大师全书·第一编》，大法轮书局1948年版，第444—458页。

继往开来。圣严法师在《太虚大师评传》中,以感恩和感伤的笔调,说太虚大师始终站稳佛教本位的立场,身体力行地推动佛教的改革并认为他在理想的追求与创造上,总是站在时代的尖端。"太虚大师是一位卓越成熟而成功的宗教家,也是一位光荣伟大而崇高的失败者;他的精神是成功的,他的事业是失败的。"

太虚大师在《我的佛教革命失败史》中对自己一生的事业做了总结和反思:"我的失败,固然也由于反对方面障碍的深广,而本身的弱点,大抵因我理论有余而实行不足,启导虽巧而统率无能,故遇到实行便统率不住了。然我终自信我的理论和启导确有特长,如得实践和统率力充足的人,必可建立适应现代中国之佛教的学理和制度。"①

太虚大师的思想虽然鸣不当时,毕竟雄鸡一唱天下白。大师留下丰富的思想资源,指引后人沿着其探索路线图前进。

---

* 本文原讲于北京什刹海书院"十刹海论坛·2017佛学季"(2017年6月10日)。收入本书时,有适当删改。

① 太虚:《太虚大师全书·杂藏·文丛[一]》,宗教文化出版社2004年版,第58页。

第六讲 "烦恼即菩提"辨析

——以《坛经》为中心

1993年在河北省赵县柏林寺举行第一届生活禅夏令营,到现在已经17年了。关于夏令营的历史定位,我认为是佛教界在中国大地上第一次自主地面向社会举办的法务活动,在佛教制度史上具有重大意义。这次来四祖寺参加禅文化夏令营之前,我在《佛教观察》博客放了2017年前写的2篇文章。《赵州吃茶记》(《佛教文化》1993年第4期)是我对生活禅夏令营活动的记述和感言。《加强教团建设,提高自身素质——复旦大学哲学系王雷泉先生访谈录》(《法音》1993年第10期)是我参加生活禅夏令营之后,在北京接受《法音》记者的访谈。我把这2篇文章放在网上,主要是供《佛教观察》记者了解夏令营的历史地位,以及在当今中国社会发展中的作用。

2009年2月8日在广东南华寺,我曾为曹溪佛学院师生演讲过《天台与禅宗对"烦恼即菩提"的阐释》,在两个小时中既谈禅宗又谈天台宗,明显感到时间不够。我今天只讲禅宗,讨论五个方面议题。首先,为什么要讲这个问题?今天上午净慧大和尚讲过非常重要的一句话,生活禅理念与中国佛教协会提出的人间佛教思想是一脉相承的,主要的思想根源在《坛经》。自从这些理念提出以后,有一股强大的力量要把它推向庸俗化。所以老和尚在开幕式上的致辞非常重要:不要把人间佛教和生活禅俗化、矮化了。第二,到底什么是人间化、生活化?《坛经》中的革命性转向,即转向人性、转向人事。第三,这个转向的理论基础,就是在人与佛、世间与出世间、烦恼与菩提之间,有一个理论上的衔接关系。第四,在方法论上,如何看待"凡夫即佛""烦恼即菩提"?第五是结论,转是佛教解脱论的实践特色。在体上、在理上,烦恼与菩提相即不二;但在用上、在事上,要在实践中转烦恼而成菩提。

一、问题的提出

面对"烦恼即菩提"这一议题,社会上有两种错误的看法。一种是混淆是非,把世法和出世法完全混成一团,把佛教圆融无碍的法门变成毫无是非可言,把神圣的佛法庸俗化、矮化,曲解了烦恼即菩提的含义。另外一种是与之相反的错误见解,就是把佛法与世法割裂开来。8月上旬,《佛教观察》博客中,有位匿名的网友发了若干条评论。正好与这个问题相关,在此摘

第六讲 "烦恼即菩提"辨析

录这位网友的若干观点:"我们的文化,最大的特色,可能就在于教会我们去用心欣赏这个世界,欣赏美的,同时也欣赏恶的,然后就消解了矛盾,自得其乐,便认为心安了。这里面有个天大的误会。"

这位网友所论颇有见地,我也在博客上做了简单回应:"《维摩经》心净国土净的思想,即从菩萨行者心的净化,带动身边有缘共命之众生的净化,形成社会的物质力量,从而改变这个世界。以《士兵突击》一段著名台词为例:不放弃——不放弃当时发愿之初心;不抛弃——不抛弃五浊恶世众生而独离苦海。"

佛教最基本的教义基础,就是佛佛相通的七佛通戒偈:"诸恶莫作,众善奉行,自净其意,是诸佛教。"生命的痛苦或快乐,世间的污秽或清净,都取决于生命主体道德价值上的善或者恶。生命是善的、是清净的,这个世界就是清净的,生命就是快乐的。如果心灵是污秽的、是邪恶的,那么生命和社会就是痛苦的,世界就是污秽不堪的。四句话中,最根本的是第三句"自净其意"。主体精神在道德上的净化,就成为个人修行和社会变革的实践枢纽。我曾经多次引用马克思《关于费尔巴哈的提纲》中的名言:"哲学家们只是用不同的方式解释世界,而问题在于改变世界。"佛教是实践的、能动的,不仅仅只是在说明这个世界。

七佛通戒偈"自净其意"这句话,在大乘经典中,其理论基础和实践范围得到很大的拓展,把善和恶这两个极端,把世间法和出世间法,统统整合在法界的终极层面上。什么叫法界?就是佛菩萨所观照、所面对的世界。基于法界视域,佛教提出"即烦恼而成菩提""贪欲即佛道""生死即涅槃"等命题。对这些命题,经常有人误解、乱讲,特别对《维摩经》中主角维摩居士这个形象,误解甚多。

了解《维摩经》的基础,我们要先读《方便品》。欧阳渐居士应戴季陶要求,编了一本不到十万字的佛经选读《经论断章读》,一共选了九部经论十五个篇章。第一篇就是《维摩经·方便品》,入选理由是:"舍生死身而取法身,犹儒者义利之辨,入德之门。"维摩居士面对国王大臣、长者居士和广大佛教徒,现身有疾,说出离法。他用自己生病这一事实,明确表示世间是苦,无常的肉体根本靠不住。在这个出离法的基础上,他以大乘菩萨精神,为救度各类众生,以方便权智"游诸四衢""入治政法",走上十字街头,乃至参政议政,广泛参与社会的经济、政治生活。上至国王大臣、下至贩夫走卒,都是维摩居士的度化对象。

《维摩经》所展示的积极入世的生活态度,在思想根源上,就源于"诸佛解脱当于众生心行中求"。请注意,"诸佛解脱"是果,"众生心行中求"是因。学佛重在从因地入手,有如是因才

第六讲 "烦恼即菩提"辨析

有如是果。菩萨的因还没有修,就奢谈佛的果地境界,这是非常荒唐的。于众生心行中求成佛之因,才谈得上以"相即不二"的中道方法,去统一凡与圣、世间与涅槃的关系。烦恼即菩提的"即",要在这样一个法界的终极层面上,从佛果与菩萨因的因果关系中去了解,还要掌握二道相因的中道方法,才能得到正确的理解。

可惜,从古到今,人们对于上述命题的误解甚多,乃至产生"酒肉穿肠过,佛祖心中留"等另类言行。有些学者为了强调佛法不离世间俗事,过多强调了对世俗社会的适应。这样谈论佛教的现代化和世俗化,经常会陷于一个两难困境,用东晋僧肇法师的话说就是"谈真则逆俗,顺俗则违真"。真,就是真谛、佛法的根本原理。

在现代,究竟应该怎样理解"烦恼即菩提"的命题呢?释迦牟尼临终前为什么要把佛法托付给国王大臣、长者居士?国王大臣,有权者之谓也;长者居士,有钱者之谓也。佛陀深知政商这两股力量可以成为佛教的护持,但如果不善加调教,他们会经常给佛教捣乱,从而对佛教带来毁灭性的破坏。中国历史上有"三武一宗"之难,这是政治力量对佛教的打击。而经济力量对佛教的利用控制,也会导致佛教的异化。政治力量对佛教的护持和利用过度,亦蕴含着日后的危机。唐代无论是宗门还是教下,都曾得到朝廷高度重视,尊荣盛极一时,武则天亦曾想请六祖出山进京讲经。但很快佛教就乐极生悲。到唐武宗灭佛时，依靠庞大的寺院经济，建立在豪华设施之上的教下各派一蹶不振，唯有走入山林的禅宗，能够抗得住政治力量的打压。禅宗及其丛林制度成为中国佛教的主流，是错综复杂的社会思想文化等各方面因素的合力所致。其中最直接的因素，就是佛教为应对唐武宗和五代周世宗"灭佛事件"所采取的自我保存措施。值得一提的是，以四祖道信禅师所倡导农禅并重的禅风和制度创新，使中国佛教在"三武一宗"之后，由禅宗承担起延续中国佛教慧命的历史使命。

禅宗是中国佛教最主要的宗派，六祖并没有改变佛佛道同的根本思想，而是适应中国的时空环境，与"七佛通戒偈"的思想一脉相承，但其理论基础和实践范围都大大扩展了。

现在，我们看到四祖寺焕然一新，各个殿堂有很多净慧老和尚写的对联，其中有一副对联让我非常受启发："色即是空，无我无人无世界；空即是色，有山有水有楼台。"说得多好！从终极层面来讲，一切皆空，故心物一元。心与物，在终极层面上一元不二，离开心就没有物，离开物就没有心。从终极本体上讲，心物一元不可分，但从道德实践的功用上讲，唯有心能转物，心是可以改变这个物质世界的。我们今天的关注点，不仅仅是从终极本体上谈"烦恼即菩提"，更重要的是要落实在用，在实践的层面上谈如何转烦恼而成菩提。

第六讲 "烦恼即菩提"辨析

二、禅宗思想的革命性转向

禅宗思想的革命性转向,就是强调"人性"与"人事"。20世纪60年代,由胡适与铃木大拙所兴起的关于禅宗研究方法的大辩论,吸引了众多学者的参与。这些讨论文章,被收入张曼涛主编的《现代佛教学术丛刊》第1册。钱穆在《六祖坛经大义——惠能真修真悟的故事》一文中指出:"惠能讲佛法,主要只是两句话,即是'人性'与'人事',他教人明白本性,却不教人摒弃一切事。"

所谓讲"人性",即《坛经》强调的自性。佛教出世的理想和境界,不离每个人本具的自性,故一再说:"佛向性中作,莫向身外求。"能见性的是什么,靠什么见性呢?就是凡夫当下日用之心,求人人本具的觉悟之性。故《坛经》讲:"万法尽在自心,何不从自性中顿见真如本性。"所谓讲"人事",即佛之世间化。六祖说:"若无世人,一切万法本自不有。""欲求见佛,但识众生。不识众生,则万劫觅佛难逢。"佛法是为世人而存在的。

钱穆所总结的《坛经》要义非常精要,这话与《维摩经》的思想就一脉相承:"诸佛解脱,当于众生心行中求。"

(一)《坛经》宗旨:明心见性

在《行由品》中,惠能大师开宗明义指出:

善知识,菩提自性,本来清净。但用此心,直了成佛。

当年,韶州刺史韦璩把六祖请到韶州城内大梵寺开坛说法。开什么坛?无相戒坛。六祖在说法时,首先不卑不亢地称呼各位听众为"善知识"。这一句善知识,就包含了韦刺史以下所有僧俗大众。

现在佛教界会议上,不少人一上来先把主席台上就坐的衮衮诸公点一遍名。这么一路"尊敬"下去,就两三分钟了。轮到我发言,我就简化为:"各位善知识,大家好!"但"善知识"这三个字,我得解释一下。第一类是教授善知识,比如在座的净慧大和尚和各位法师,是教授正法的高僧大德。第二类是同行善知识,在座的各位营员都是同参道友。第三类是外护善知识,在政治上、经济上、劳务上提供支持的,都是佛教的护法。今天到场给予支持和指导的各位领导干部,乃至为这个夏令营拍摄录像、扫地做饭的工作人员,统统都是值得我们尊敬的善知识。这三类善知识,必有一款适合在座诸位。学佛,就要把佛教在社会中弘扬开来,要让善知识的队伍越来越大。

"善知识!菩提自性,本来清净。但用此心,直了成佛。"《行由品》这段话是整部《坛经》的纲领。我们结合《般若品》,分析这段总纲中的四个关键词。

第六讲 "烦恼即菩提"辨析

一是菩提自性,指从佛乃至众生,人人本具的觉悟本性。自性,是从终极根源上指出生命的本质和最高价值。在哲学根基上,凡夫的心与至高无上的佛,与终极存在的法界、真如融为一体。

二是此心。禅的目标是见性成佛,只有彻见、显现人人本具的自性,才有资格成佛。靠什么去见呢?靠当下的日用之心去见性。因此,学佛不向外求,甚至不乞求于外在的神灵。只要当下了悟本心,显发本来具足的觉性,就能成佛。心从本质上讲,是我们本来清净的真心,以自性为基础而为人的本质。但这真心恰恰处在五浊恶世,处在士农工商的日常生活中,是经常被七情六欲、是非烦恼纠缠不清的日用之心。这就是说,此心是真心和妄心的统一体,要在修行中转变,从妄心中求真心的本质,透过妄心的迷雾,直达真心的慧日。

三是用。怎样才能使这个被七情六欲纠缠不清的真心显现出来呢?需要修般若行。就像《大学》所说:"大学之道,在明明德,在亲民,在止于至善。"我们要把人人本具的明德显现出来。靠什么显现呢?靠智慧。用般若智慧"明心",用般若智慧"见性",用般若智慧借假修真,用般若智慧直达心的本源。"但用此心"的"用",是要"行"的。故六祖强调般若在行不在说,突显了般若的实践功用。

四是直了成佛。达到终极本源的方法,就是六祖大师所弘扬的顿悟法门。用直截了当的方法,契合佛心。要使每个人都知道,生命的上升还是下堕,都取决于当下一念。我们这个心是真妄和合的心,心里面有善的、清净的成分,也有恶的、污染的成分。一念向善,就走在上升的轨道上;一念堕落,就在下堕三恶道的轨道上。所以,当下的心是生命升堕的枢纽,由主体的心来选择人生的凡与圣、世界的净与秽。

从《金刚经》到《坛经》,佛教如何解决现实生命的实践(途中)与生命最高价值的实现(家舍)的统一呢? 就在"直了"中得到统一。1942年,南怀瑾先生曾经在四川青城山,用纸笔向闭关中的袁焕仙先生请教参禅问题。其于归家坦途、入道捷径、启疑、破迷、发忏悔、参话头乃至断灭空了,莫不反复问难,至精至微,此即为有名的"壬午问难"。其中有一条问道:"直捷下手工夫,义当何先? 迈向归家道路,车从何辔?"——在学佛的过程中,何年何月才能成就? 如果眼下不能成就的话,该怎么办? 袁焕仙先生从关房内递出一个纸条,其中有两句话:"途中即家舍,家舍即途中。"这就是说,终极理想,就体现在行菩萨道的过程之中。

(二)佛法在世间,不离世间觉

佛教人间化、生活化的理论基础何在?《坛经》有一个重要思想,就是"佛法在世间,不离世间觉"。我把这一思想也归结为四点。

第六讲 "烦恼即菩提"辨析

第一点,"欲求见佛,但识众生"(《坛经·付嘱品》)。大乘菩萨行者的修行范围,比以往大大扩展了,要做到上求菩提,下化众生。《坛经》说"心量广大,遍周法界",这就是生命的广度,是行菩萨道的实践范围。《金刚经》也讲过,当菩萨行者把所有众生统统度尽的时候,那就到了无佛可成、无众生可度的境界。只要还有众生,就还有佛法存在的必要。

第二点,"自性若悟,众生是佛;自性若迷,佛是众生"(《坛经·付嘱品》)。佛与众生的区别,只在迷与悟之间。只有通过转迷成悟的实践,众生才能成佛。天台宗有"六即佛"的修行次第。在理上,一切众生皆有佛性,皆有成佛的可能性,都是理即佛。但在事上,众生必须去践行,故紧接着有名字即、观行即、相似即、分证即,最后是究竟即。

第三点,"正见名出世,邪见名世间"(《般若品》)。《般若品》有一篇"无相颂",是重要的佛学纲领。六祖强调,判断世间与出世间的关键,在于有没有正见。见,就是见地,相当于现代所说的哲学见解,即有没有正确的观点、立场和方法。我们看世界,不能以世俗的肉眼或者神秘的天眼,去矮化、俗化或者迷信佛法。佛法强调的是慧眼、法眼与佛眼。眼就是眼光,禅宗叫作见地。所以沩山禅师云:"只贵子眼正,不说子行履。"在禅宗的见地中,世间与出世间不是截然两分的,并不是让我们离开这个烦恼世间另外去求一个清净的出世间。世间与出世间的区别,只在于见地。如果是邪见,那就导致污浊不堪的世间;如果我们有了真正的见地,当下就超越世间。所以,从世间超越到出世间,关键在于树立正见。

第四点,"淤泥定生红莲"(《坛经·疑问品》)。六祖用透彻的哲学智慧,指明学佛并不是逃离世间,去获得一个他方世界的"签证"。在《坛经·疑问品》中,韶州韦刺史听了六祖说法后,觉得禅宗与净土法门好像不一样,故率先发问,应该如何修净土?六祖开示了第二个"无相颂",是给在家人学佛的要领:"听说依此修行,西方只在眼前。"

(三)无念、无相、无住的般若行

六祖讲"但用此心",用的是般若智慧。具体言之,那就是"无念、无相、无住的般若行"。先引《坛经》中若干条经文:

1. "一切处所,一切时中,念念不愚,常行智慧,即是般若行。"(《般若品》)

2. 无念法门:"心不染著是为无念。"(《般若品》)

3. "心不住法,道即流通。心若住法,名为自缚。"(《定慧品》)

4. "无念为宗,无相为体,无住为本。"(《定慧品》)

圣严法师在《六祖坛经的思想》中,特别强调无念法门就是《坛经》的修行法门,即以无念法门为核心,展开"无念为宗,无相为体,无住为本"的修道三纲领。什么是无念?"心不染著,是为无念。"对境不生起任何执着之心,并不是枯木死灰般的

"百物不思"。百物不思,是断念,是念绝,如《金刚经》所示,执着法或非法相,都是边见。面对眼前光怪陆离的世界,心能做到如如不动,这就是无念法门。智慧在于流通,故"心不住法,道即流通"。禅宗的智慧是活泼泼的,关键在于心不为任何形象、任何境界、任何名相所束缚。无念就是精神的完全解放,才能使生命与法界众生完全会通。

政府为了开第二届世界佛教论坛,提前两年在全国范围内征集了二三十位出家人,并由上海外国语大学开班培训外语人才。中国佛教协会请我为这个班开讲座,讲如何写佛教论文。我推荐了圣严法师的《六祖坛经的思想》,以此作为佛教论文学术规范的范文。至于论文题目怎么选,我们要记住无非是六个字:为佛法,为众生。写文章,就是为了找到解决问题的方案。

三、凡夫即佛,烦恼即菩提

(一) 心安必须定位在理得

善知识,心量广大,遍周法界,用即了了分明,应用便知一切。一切即一,一即一切,去来自由,心体无滞,即是般若。善知识,一切般若智,皆从自性而生,不从外入,莫错用意。名为真性自用,一真一切真,心量大事,不行小道。(《坛经·般若品》)

二祖慧可去见初祖达摩时,曾在达摩洞外跪了三天,大雪及膝。慧可说我心未安,乞师帮助安心。达摩说:"那你把心拿来,我给你安。"这句话非常有禅意,截断慧可原来的分别思量,把思维中最后一个盲区清除了。心包太虚,量周法界。心无处不在,你再去找安心,等于骑驴找驴。慧可一下子豁然贯通,悟道后说"觅心了不可得",说明我们的心量并不局限于任何一个局部,它就安住在法界之中。这个公案告诉我们,心安在于理得。

所谓"心量广大,遍周法界",就是心中觉悟的自性向法界完全敞开。在法界中,万事万物各有其特殊性质,同时又处在统一的整体之中。这就是《坛经》所说的"一切即一,即一切",要在一切差别现象中,显出统一的法性。所谓"色即是空,无我无人无世界",现象界万事万物都归结为终极的空性。反过来,空并不是具体事物之外的本体。所以"空即是色,有山有水有楼台",空性就体现在一切千差万别的事物中,是从终极的空性展开一切现象。

圆融无碍的法界,可以容纳一切差别现象。好比说一匙盐放入一杯水中,水咸得不得了。如果把这一匙盐放在江河之中,盐还是那些盐,但是水不会有什么变化。心同此理,我们的心量一旦放开,平时那些鸡毛蒜皮、鸡零狗碎之事又算得了什么呢?今年是"阿波罗号"登月40周年。当年,当飞船指令长阿姆斯特朗站在月亮上对人类讲话时,人类开始有了"地球村"的观念。站在月亮上看地球,跟青蛙坐在枯井里观天,是完全不一样的视角。心量达到法界的视域,才能真正做到"来去自由,心体无滞"。

六祖告诉我们:"一切般若智,皆从自性而生,不从外入。"(《坛经·般若品》)一切般若智慧都从本源性的自性中产生,而非从外灌输进来。所谓"心量大事,不行小道",超越凡夫意识中人为分别的两极对立,使人人本具的自性充分展开,与佛所观的法界等量齐观。到这个时候,在般若智慧妙用下,人人达到"一真一切真"的"真性自用"。这也就是《维摩经》所说的"无以大海,内于牛迹"——大海岂能为小小的牛脚印所能容纳?心量也是如此。当放入法界大海之中,才没有任何的障碍。

(二)当用大智慧,打破烦恼尘劳

要真正做到心量广大,我们需要用大智慧去打破烦恼尘劳。在《般若品》里,六祖从体与用相即不二的关系,阐释即烦恼而成菩提、即生死而成涅槃、即世间而出世间。

善知识，凡夫即佛，烦恼即菩提。前念迷即凡夫，后念悟即佛。前念著境即烦恼，后念离境即菩提。善知识，摩诃般若波罗蜜，最尊最上最第一，无住无往亦无来，三世诸佛从中出。当用大智慧，打破五蕴烦恼尘劳。如此修行，定成佛道。变三毒为戒定慧。

"即"，不是泯灭是非的"等于"，不能将之简单理解为凡夫就是佛、佛就是凡夫。佛与凡夫的差别，在于迷悟之间。而迷与悟的关键，在于是不是执着境。从体上谈，烦恼即菩提，凡夫与佛都本具佛性。但是，一切众生皆有成佛的可能性，不等于成佛的现实性。要使凡夫成佛的可能性得以实现，关键是由体达用，进行转变。怎么转呢？通过修行实践，打破五蕴烦恼，"变三毒为戒定慧"。这个"变"，是从用上来谈的。体上的"即"，与用上的"变"，两者不能偏废。烦恼即菩提的"即"，要与修行实践的"变"结合起来理解。

宋代有位柴陵郁禅师，悟道之后作了一首偈：

> 我有明珠一颗，久被尘劳关锁。今朝尘尽光生，照破山河万朵。（《悟道诗》）

无论凡夫还是佛，人人都有一颗佛性明珠。但是，凡夫的佛性被烦恼尘劳所遮蔽。因此，关键在于用般若智慧推进主体心念的转变，在此真妄相即、真妄不二的动态统一体中，借假修真。偈语中的"尽",就是消除烦恼尘劳,即《坛经》所说"变三毒为戒定慧"。我们通过修行的转变来达到"尘尽光生",也就是显发、展现我们人人本具的佛性。

四、二道相因,生中道义

禅宗把出世间的终极解脱,落实在世间的凡人俗事上。如何使众生在处理世与出世间法时不走向偏差,这就需要中道的方法论。我昨天下午到老祖寺参访,寺院对面的山水很漂亮,但路上有很多牛粪。如果说牛粪是烦恼,鲜花是菩提,那么牛粪只有在成为滋养鲜花的养料时,才具有意义。烦恼本来是菩提所要对治的对象,同时又成为增长菩提力量的养料。《大智度论》以柴薪比喻烦恼,以火焰比喻菩提智慧。烦恼虽多,当转变为学佛力量时,就犹如柴薪越多火焰就越旺。故佛经上说,"放下屠刀,立地成佛"。阿育王原是邪恶的国主,破坏力很大,但当他放下屠刀学佛时,原来所有恶的力量都转化为对佛法护持的力量。

以牛粪与鲜花之喻,来理解烦恼与菩提的关系。从体上而言,烦恼即菩提;从用上而言,"打破五蕴烦恼尘劳",需要"转"的实践。只有在转变的实践中,烦恼即菩提之"即",才能真正实现其内在的价值。如何处理"即"(体)与"转"(用)的关系,需要中道的方法。下面引述《坛经》中比较长的两段对话,以了解禅宗如何以中道智慧,全面地把握即烦恼而成菩提的体用关系。

(一) 无二之性,即是实性

师云:"道无明暗,明暗是代谢之义。明明无尽,亦是有尽。相待立名,故《净名经》云:'法无有比,无相待故'。"

简曰:"明喻智慧,暗喻烦恼。修道之人,倘不以智慧照破烦恼,无始生死,凭何出离?"

师曰:"烦恼即是菩提,无二无别。若以智慧照破烦恼者,此是二乘见解。羊鹿等机,上智大根,悉不如是。"

简曰:"如何是大乘见解?"

师曰:"明与无明,凡夫见二。智者了达,其性无二。无二之性,即是实性。实性者,处凡愚而不减,在贤圣而不增,住烦恼而不乱,居禅定而不寂。不断不常,不来不去,不在中间及其内外。不生不灭,性相如如。常住不迁,名之曰道。"(《坛经·护法品》)

神秀在宫中为武则天说法时,推荐了自己的师弟惠能,他是得到师父衣钵真传的。武则天派内侍薛简到广东请六祖出山,但被六祖以老病而婉拒。薛简请六祖开示南宗法门要义,

第六讲 "烦恼即菩提"辨析

带回传达宫中及京城大德寺,如灯传灯,用佛法的光明驱散众生的迷暗。

薛简对佛法的理解,显然是受到了神秀渐修法门的影响,比如学佛一定要坐禅习定,修道之人要用智慧照破无明。针对这个说法,六祖说"道无明暗"。明与暗只是现象上的代谢,从体的终极层面上讲,并没有明暗的分别。光明与黑暗是相对而言的,所以《维摩经》说"法无有比",即在终极层面上法是不能相比较的。

薛简马上就反问:"明比喻智慧,暗比喻烦恼,修道之人如果不以智慧照破烦恼,无始以来的生死洪流凭什么出离呢?"按照传统佛法的说法,当然要以般若照破无明黑暗,才能超越轮回获得涅槃解脱。六祖说薛简对佛法的理解,只是停留在小乘的见解上,相当于羊车和鹿车的根机。《法华经》以羊、鹿、牛三车,比喻声闻乘、缘觉乘和菩萨乘,这三乘最终汇入一佛乘,即大白牛车的根机。上智大根的一佛乘思想,超越了前面有分别的思想。

那么,如何是大乘见解呢?凡夫和小乘见地,皆将明与无明,分别成两个对立面,凡夫执着无明的世间,小乘执着明的出世间。惠能是从"体"的终极层面上,论述智慧与烦恼相即不二的关系,其中对明暗的论述非常精到。明与暗是相对待的概念,而法界超越所有分别对待,进入绝对无待的境界。当心量广大,周遍法界时,凡夫即成为真正的智者。智者的心量拓展到终极的法界,超越相待意义上的名相,明了烦恼与智慧无二无别。这里的"实性",就是人人本具的"菩提自性",是众生与佛无二无别的佛性。

这段对话,对我们了解什么叫烦恼即菩提,是一个很好的佐证。

(二)说一切法莫离自性

>师一日唤门人法海、志诚、法达、神会、智常、智通、志彻、志道、法珍、法如等,曰:汝等不同余人,吾灭度后,各为一方师。吾今教汝说法,不失本宗。先须举三科法门,动用三十六对。出没即离两边,说一切法莫离自性。忽有人问汝法,出语尽双,皆取对法,来去相因。究竟二法尽除,更无去处。(《坛经·付嘱品》)

六祖临终前都在谆谆教诲弟子:"你们以后都要弘化一方,随缘度化广大众生,那么就要灵活掌握说法的方式。"我们学《坛经》用《坛经》,就要从这上面去学。

从终极的"体"上来说无二无别,泯除一切名相的对待。但到入世度众的"用"上,则要运用中道方法,随缘应用一切名言概念,故首先举三科法门为例。佛教概述世间诸法的基本概念,由五蕴、十二入、十八界三科构成。三科中最基本的是五

第六讲 "烦恼即菩提"辨析

蕴,如《心经》开头即述:"观自在菩萨行深般若波罗蜜多时,照见五蕴皆空。"论述五蕴与空的关系,即以第一个色蕴说事,所以说"色即是空,空即是色"。然后底下"受想行识亦复如是",接下来就谈十二入、十八界。佛教描述世界的基本概念,都是由三科所发展出来,故说法无非是根据这三科法门。

在三科法门的基础上,六祖列举了三十六对概念,如天与地对、有与无对、长与短对、善与恶对、生与死对,等等。概念都是相对待而存在的,任何概念都有它的对立面。说"长",是与"短"相比较而言;说"美",是与"丑"相映衬而言。语言是沟通思想的桥梁,但也往往成为我们的障碍。六祖为了杜绝后人在语言上打闲岔,告诉他的弟子们,谈任何一个概念,都必须考虑到这个概念所可能引起的歧义,不要死于句下,被名相概念所拘缚。

所谓"出没即离两边,说一切法莫离自性",就是要根据说法对象和上下文语境,以圆融灵动的中道智慧,采取最适当的切入点,最忌执着语言的陷阱,反而成为理障。所以,对待空与有、善与恶等相对性概念,我们千万要注意,不要执取任何一边,也不能搞平均主义,折其两端而取其中值。禅宗的教学方法是活泼泼的,既要能走进去,又要能跳出来,出出入入皆能运用自如。中道是超越了两端,同时把两端包含在内,又不受两端的局限。如果用图像比喻的话,中道犹如三角形,构成圆融法界内在的纲架。中不是执其两端取其平均值的中。中是整体的把握,是最恰如其分的对真实的把握。

既然不能执着名相的任何一边,到底应该如何说法呢?六祖说:

> 若有人问汝义。问有,将无对;问无,将有对。问圣,以凡对;问凡,以圣对。(《坛经·付嘱品》)

有人问"有",你就用"无"来回答;有人问"无",你就用"有"来回答;问"圣"你就用"凡"回答;反过来问"凡",你就和他讲"圣"的道理。这样讲起来,不是文不对题、答非所问吗?非也。凡夫的认识总是有片面性,执其一端,陷入边见。故圣贤的教化方法,就是要兼顾同一事物的两个方面,防范所有可能发生的问题。凡圣、善恶、有无等名相,要把它们作为统一体的动态两极来思考,而不要光执着其中任何一端。这就明白告诉我们,只要对方一落名相,执其一端,就要对症下药,正言反说,以解其"边见"之病。佛经里经常用"盲人摸象"的比喻,指出人们认识中的偏执与局限,要避免执其名相而陷入僵死停滞的状态。

六祖付嘱的方法,后来发展为禅门机锋、公案乃至棒喝的方法,甚至连话都不讲,用拳打脚踢等各种超越语言的作法,以此打破语言和思维的盲点,防止人们走入"边见"。

这"动用三十六对法"的说法方式,与《金刚经》是一脉相承的。"佛说般若波罗蜜,即非般若波罗蜜,是名般若波罗蜜。""所言一切法者,即非一切法,是故名一切法。""亦无有定法,如来可说。"这些说法都是教导我们,尽量跳出语言的局限性,以三句义说法方式,尽可能完整地把握这个世界。

现在回到《坛经》一开始所揭示的"自性成佛"宗旨,一切法门都是从自性而由体起用。禅宗所谓不立文字、离言绝相,乃是扣紧自性上说;同时又要借助文字,说无法可说之法。我们用中道的方法,灵活运用三十六对法,做到离开两边的执着。这种"出没即离两边"的方法,无非是为了帮助我们做到"说一切法莫离自性"。

五、转:佛教解脱论的实践特色

大乘佛教为救济一切众生,以不共小乘的般若智慧观照世、出世间一切法,从而无穷尽地开展菩萨的悲愿。正如《金刚经》所说,菩萨发心定位在一切胎生湿生卵生化生、有色无色、有想无想等无量众生,要使众生统统灭度到无余涅槃的终极果位。在这个无穷尽的菩萨道实践过程中,心不存任何分别计较,实无一众生得灭度之。这样高超的理想境界,其实是佛的果地境界，把一切有情非情统统收摄于法界之中。在如此高维的法界视域下，大乘经典才出现了与小乘完全不一样的"即烦恼而成菩提""烦恼即菩提""世间即涅槃""生死即法身"等终极性命题。

法界、法性、实相、真如等根本概念，都是佛教哲学从人格或非人格角度，对终极存在的描述。如法界具有人格化的意义，是众生成佛的原因和依据，被理解为是佛与菩萨所处的世界，同时又涵盖融摄了一切众生。在终极层面上，佛教哲学消除了一切相待意义上的名相区别。所以《坛经》谈得最多的是无相，就是消除一切对法相的执着。《坛经》讲如何学佛修行的，有两个"无相颂"。第一个"无相颂"开宗明义就提及：

说通及心通，如日处虚空。唯传见性法，出世破邪宗。
法即无顿渐，迷悟有迟疾。只此见性门，愚人不可悉。
说即虽万般，合理还归一。烦恼暗宅中，常须生慧日。

（《坛经·般若品》）

如果从教理行果四方面来讲，这里说的就是无相之教。到底应该怎么说教？佛是为众生而存在的。佛以一音演说法，但众生随类各得解。佛说法如普降法雨，但众生有"三草二木"之区别。不管是草是木，我们都受到了"法雨"的滋润。法是一味的,法在世间的流布则分成宗门与教下。"心通"就是宗门,超越语言文字,直接契合释迦牟尼佛的悟境,故称"教外别传,不立文字"。"说通"就是教下,要靠语言文字,从闻慧思慧入手。不管是心通还是说通,传的都是见性之法,为了开发人人本具的自性。禅宗并没有否定教下,宗门与教下皆是帮助众生开发智慧,如慧日一般照亮众生的迷暗。

在奔向大海的途中,需要"转"的实践过程,这就是"变三毒为戒定慧"。六祖大师的第二个"无相颂"也非常重要,开示在家佛教徒如何修行。

> 心平何劳持戒,行直何用修禅。
> 恩则孝养父母,义则上下相怜。
> 让则尊卑和睦,忍则众恶无喧。
> 若能钻木取火,淤泥定生红莲。
> 苦口的是良药,逆耳必是忠言。
> 改过必生智慧,护短心内非贤。
> 日用常行饶益,成道非由施钱。
> 菩提只向心觅,何劳向外求玄。
> 听说依此修行,天堂只在目前。

(《坛经·疑问品》)

这里所说的在家修行法门,建立在世俗社会的法律和伦理基础上。首先把人做好,然后修佛道。此即太虚大师所说:"仰止唯佛陀,完成在人格,人成即佛成,是名真现实。"禅宗的顿教法门,把生命最高价值的实现(家舍),落实在现实生命的实践(途中)之中。在理上和体上,领悟到"烦恼即菩提";在事上和用上,则展开"转烦恼而成菩提"的实践。

* 本文在 2009 年 8 月 10 日讲于黄梅四祖寺"禅文化夏令营",据林涛记录整理稿修订。收入本书时,有适当删改。

第七讲 法华精神与人类宗教的未来

这个话题涉及比较宏观的层面,即站在世界宗教生态格局下,讨论佛教怎么走向社会,以及中国佛教怎么走向世界。

首先,从当今世界语境中所存在的宗教问题,看待当前佛教的处境,其实并不乐观。

其次,在宗教复兴中,佛教的发展现状处在什么样的层次?尝试用佛眼、法眼、慧眼、天眼、肉眼这五种视角来观察,应该如何来提升自己?

再次,面对佛教在世界上的处境和中国佛教徒存在的问题,要使佛教真正走向社会、走向世界,就要发挥《法华经》的"如来使"精神。

最后,面对历史性使命,佛教是如何把远大的目标落实在当下的菩提道过程中的。

一、当今语境中的宗教问题

(一)宗教出了问题怎么办?

改革开放后中国在物质建设上取得飞速发展,让全世界瞩目。发展无疑要以经济建设为中心。君子爱财,必须取之有道。道有世俗和神圣的两层意义。从世俗的层面看,最基本的就是法治。这是保障社会公平,维持社会稳定,防止社会崩溃的最基本防线。但光靠法律远远不够。孔子讲:"必也使无讼乎!"法律的最理想状态是没有诉讼,犹如孙子讲兵法的最高境界是不战而屈人之兵。所以在法律之上,要用道德来协调各方面矛盾。有些问题不违法,但违背道德,可见道德比法律具有更加宽泛的规范作用。从神圣的层面看,在法律和道德之上,还有超越世俗的,更基本、更终极、更神圣的根源,那就是宗教。

宗教是人类的文明之源。随着人类知识的开发增长,宗教也从原始低级的形态渐达更高的形态。一个健康的社会,需要三道堤防——法律、道德和宗教,而宗教是维系人心最深远的东西。宗教是国家软实力中重要的一环。

德国哲学家康德说过:"这个世界不管怎么变化,有两件东西是亘古不变的:一是头顶上的灿烂星空;二是我们内心永恒的道德律令[1]。"[2]这两件东西合起来,就是天理良心。这几十年来,中国人对财富的追求热情,中国在物质层面的发展,确实

---

[1] "灿烂星空"在西方就是"上帝",在中国就是"天理"。"道德律令"即中国人常讲的"良心"。

[2] 〔德〕伊曼努尔·康德:《实践理性批判》,邓晓芒译,人民出版社2003年版,第220页。

第七讲 法华精神与人类宗教的未来

使全世界为之惊叹,但也带来了众多社会问题和精神困惑。用什么样的方式追求财富,财富获得之后如何公平合理地分配,是当今非常重要的问题。在继续发展经济的过程中,我们特别要重视社会的正义,呼唤天理良心的回归。在文化重建过程中,宗教起的作用是至关重要的。

宗教作为价值观外化(或称为信仰)的一种形式,对人的影响是不可忽略的。

1993年,在河北省赵县柏林寺举办第一次公开面向大学生的夏令营。开营式上,主持者让我代表学者致辞。我说就提出个疑情向大家请教:"在我们的社会生活中,有一个使用频率很高的词,叫作'宗教问题'。宗教不应该是问题,当宗教有了问题就需要我们在宗教界、政府部门和文化学术界之间进行沟通和协调。这次夏令营就为解决这些问题迈出了具有历史意义的一步。"

20多年过去了,这个问题解决了没有?"路曼曼其修远兮,吾将上下而求索。"要解决宗教自身的问题,我们还是要回归人类社会本身。在当今世界一体化的文化语境中,宗教问题主要聚焦在以下三个方面。

问题之一:在当代中国社会的宗教复兴过程中,我们如何看待宗教在中国文化和价值体系中的地位和作用?要从根本意义上认识宗教的作用,宗教在一定程度上对维护社会稳定,对中国文化走向世界做出了贡献。中国社会现在需要"老娘舅",宗教在调节人际关系方面充当了"老娘舅"的角色。

问题之二:在审视佛教在中国两千多年的传播过程,特别在儒道佛三教从冲突、鼎立走向一致的过程时,我们应如何看待佛教"中国化"的经验和教训?佛教在中国的发展不是一帆风顺的,有三教间的思想冲突,有"三武一宗"的国家机器对佛教的镇压,可谓与血火相伴。到隋唐时期,佛教终于在中国站稳脚跟。儒道佛三教从原来的冲突走向了三教鼎立,这也是佛教最为辉煌的时候。宋以后逐渐走向三教一致。伴随着儒学复兴、宋明理学重建,佛教匍匐于以儒家为首的格局中,日益走向衰落。佛教在社会中的存在和发展,不是要被世俗所同化,而是要度化世俗社会的人心。无论是中国化还是现代化,都是佛教发展的方法和手段。佛教在中国的目的是化世导俗,在今天就是要净化世道人心。

问题之三:在全球化的世界格局中,面对与各大宗教密切相关的文明冲突,我们能否从佛教中国化的历史经验中,为当今宗教对话提供思想资源,推进各大宗教的和谐相处?"9·11"一声轰响,恐怖主义改变了全世界人民的生活,我们上飞机不能带打火机、火柴,想带点超过100毫升的香水、洗发露也不行。美国哈佛大学教授亨廷顿在20世纪80年代出版《文明的冲突和世界秩序的重建》中敏锐地认为,随着苏联和东欧

第七讲　法华精神与人类宗教的未来

诸国社会主义的解体,原来东西方意识形态的矛盾,将转化为南北贫富区域间的矛盾,在这些矛盾背后,反映着文明之间的冲突。"9·11"事件发生后,人们惊叹亨廷顿先知般的预见。亨廷顿说他并不希望这样的结论在现实中发生。

(二) 宗教对话的三种模式

正是看到各大文明背后宗教知见上的冲突,对世界和平带来相当大的危害,全世界有识之士早在半个世纪前就致力于推动宗教对话。1993年世界宗教议会通过由汉思·昆(Hans Küng)起草的《全球伦理宣言》,提出了一个激动人心的口号:没有宗教之间的对话,就没有世界的和平!发起并协助准备这份宣言的斯威德勒(Leonard Swidler),也曾两次来复旦大学讲学,专门为研究生开课。他有本著作《存在还是死亡》,把宗教对话分成四个层次:

> 第一,宗教内部各个派别的对话。最明显的是基督教内天主教、东正教、新教三大教派,它们在历史上有过多次教派冲突乃至国家间战争,教会还有镇压异端的宗教裁判所。要推动宗教对话,基督宗教内部首先要和解,走向基督教合一运动。
>
> 第二,宗教与宗教之间的对话。现在世界上的冲突热点地区,主要发生在犹太教、基督教、伊斯兰教这三大一神

教区域。在南亚诸国,伊斯兰教与印度教、佛教,印度教和佛教之间都有着冲突。

第三,宗教与世俗思想、世俗文化的对话。特别是宗教与科学之间的对话。

第四,宗教与无神论和马克思主义的对话。

只有对话,才能求同存异,才不至于因思想上的冲突,借助国家政权以及政治暴力,把人类引向毁灭。当前讨论宗教对话,多在具有浓厚的基督教语境的冲突论、兼容论和多元论等范式中展开。我在20世纪八九十年代,翻译过三本禅与西方思想比较的著作。这说明佛教也进入了宗教对话的世界语境中,并对宗教对话的模式,提出了佛教自己的解释。

先讲冲突论,即彼此对立,非此即彼。人们已经习惯于将东西方思想截然区分,视为两个彼此隔绝的独立文化圈的思维模式。最早沟通东西方宗教和思想的先驱,是日本的铃木大拙。20世纪初,他把东方禅学传到了美国和欧洲,被称为世界禅者。铃木大拙在20世纪60年代与美国精神分析学家弗洛姆(Erich Fromm)合著《禅宗与精神分析》。铃木大拙对东西方宗教和思想作了类型化的比较,认为:"西方的心灵是分析的、分辨的,而东方人的特点则为综合的、整体化的。表现在宗教上,西方的宗教基督教所谈论的是逻各斯、道、肉身和道成肉

第七讲 法华精神与人类宗教的未来

身,以及风飘雨摇般的世事;东方的宗教则力求肉身成道、静默、一心不乱和永恒的安宁。"①

铃木大拙把东西方看作彼此隔绝的两大世界,可以说是"两圆相对"的进路,因此他的使命就是在两个彼此隔绝和对立的圆圈之间搭起一座沟通的桥梁。

第二是兼容论(判教式)。以"我"信仰的宗教为主,兼容其他的宗教,这与佛教的判教类似,所以也称为判教式的对话模式。唐代圭峰宗密在《华严原人论》中,把整个佛教分成五个层次:人天教、小乘教、大乘法相教、大乘破相教、一乘显性教。宗密的历史性贡献,是把五乘佛法的基础——人天教——进一步拓宽加大。佛教所追求的是出离如火宅般的三界,而获得涅槃解脱。人天教的目标是什么呢?是以行五戒十善而获得在人间和天堂的福报,并没有超出三界。当年梁武帝对达摩祖师,如数家珍般说自己对佛教的贡献,度了多少僧,建了多少庙,塑了多少佛像,甚至本人亲自讲经说法,四次舍身同泰寺(今南京鸡鸣寺)。梁武帝问达摩:"我做这些事情到底有多少功德?"站在最上乘佛法角度,达摩说:"没有功德,充其量是人天小果。"但是,最上乘佛法不舍弃一切法,绝大多数佛教徒

---

① [日]铃木大拙、[美]弗洛姆:《禅宗与精神分析》,王雷泉、冯川译,贵州人民出版社1989年版,第15页。

其实都处在人天教这个层次。若用最上乘的要求一刀切,那全世界没有几个人能做到。所以人天教的判释,就给广大佛教徒以欢喜和信心。宗密还把儒家和道家的思想列入人天教之前,作为佛教在社会弘化的前方便,用佛教思想兼容了儒道思想。但问题又来了,当今世界谁会甘愿被你兼容呢?

在美国当了30年大学教授的阿部正雄,在他的论文集《禅与西方思想》[①]中,超越了铃木大拙"两圆相对"的进路,分析东西方思想的特性和共性,认为东西方思想存在对话的理论基础。阿部正雄举亚里士多德的"存在"、康德的"应当"和龙树的"空",作为人类在思想和存在上为解决事与理、特殊与普遍的矛盾相峙的三个根本范畴。

西方不是把"有"就是把"理"作为思想的基础,其思想起初是变得太思辨化,而后是变得太教法主义化。而佛教对"空"和"无我"的探索,消除了存在和非存在的实体化。这样做就意味着对实体性思维本身的否定。从康德以来,西方哲学经历了一条摸索徘徊的道路。尼采与海德格尔对"非存在"与"无"的探讨,在"存在"与"应当"之外另辟蹊径,显然回应着东方禅佛教"无"的立场。但他们仍然摆脱不了西方形而上学

---

① [日]阿部正雄:《禅与西方思想》,王雷泉等译,上海译文出版社1989年版。

第七讲 法华精神与人类宗教的未来

的传统路径,仍无法摆脱西方的"存在"和"应当"这两个范畴所体现的实体性和主客二元性。

但是,在西方思想中亦有重直觉的思想,存在着与东方亲和的潜流,否则就不可能容受东方的禅思想。而东方思想中,亦存在重理性分析、重逻辑的潜流。因此,禅若想真正适合当今人类的需要,它也必须把西方的"存在"和"应当"的观点包容于内,充分认识人类思想中的肯定性和创造性方面。

阿部正雄不像铃木大拙那样,企图以禅包摄西方学术,但他仍认为西方的形而上学无法摆脱实体性和主客二元性的传统路径。这样,东西方文化的交汇,其实只是"两圆相交"的边缘部分。也就是说,东西方思想还是有很大一部分是无法沟通乃至统一的。

三是多元论。这是一种知识界流行的自由开放的对话模式,但传统保守的宗教人士不太认可。这种理论认为,真理是统一的,但认识真理的道路有无数条。如果说真理是喜马拉雅山,可以从险峻的青藏高原攀登,也可以从平坦的尼泊尔南部进入。在对真理的探索中,不同的民族,不同的政治、经济、文化背景,对真理的解说是不一样的。这就隐含了一个前提,人类社会的各种宗教和思想体系,只是对真理的多元表述之一,都没有穷尽这个真理。放下唯我独尊的身段,大家心平气和坐下来对话,相互之间取长补短。如果真能做到这一点的话,天下太平。

师从南怀瑾先生学禅的美国人包卓立（William Boadri），写了一部《苏格拉底也是大禅师》，这部书曾由我主译。包卓立对禅进行着身体力行的修证，在生命的深层次中领悟到东西方文化的两大圆圈，本来就具有共同的基础！因此，在东方的修道之教已经叩开西方大门的今天，作为一个当代西方的禅者，包卓立认为，并非仅仅是东方才以觉悟作为文化精神的核心，只是因为苏格拉底之后的西方哲学家对觉悟之教的无知，使后人忽视了它在西方文化传统中的存在。因此，他在这部惊世骇俗的书中，检讨何以在柏拉图之后，西方思想会偏离苏格拉底的觉悟之教，走上外求的道路。现在，是使东西方分道扬镳的外求与内证之路，重新结合的时候了。不管是东西南北，古今中外，人人皆有佛性。既然佛性没有南北，岭南獦獠也能成佛，那么佛性也不分东西，地中海的大哲当然也能开悟。这是一种"两圆相合"的进路。

在我列举的三本译著中，"两圆相对"的进路，厘清作为文化事件的东西方宗教在事相上的差异，对于认识各自宗教的特质和优缺点，是必要的阶段。在这基础上，"两圆相交"的进路，在东西方学术界共许的逻辑思辨角度，透过表层的文化事相，深入到东西方思想的"心"与"理"的层次，各自仍具有彼此汇通的潜流，遂使思想对话成为可能。"两圆相合"的进路，则站在

第七讲　法华精神与人类宗教的未来

宗教修行的立场,认为在言语道断、心行处灭的觉悟境界上,东西方思想与宗教原本就具有共同的基础。

真理是统一的、圆满的。我们都处在探索真理的途中,抱着这种谦卑的态度,才能敞开我们的心灵,与世界上任何思想平等对话。站在东方禅宗立场上的"两圆相合"进路,对于"心"与"理"的完全契合,提供了一种更为开阔的视野。抱着这么一种态度,我们才能平等地去对待世界上一切思想。这是我们今天讨论的一个基本思路。

（三）正直舍方便,但说无上道

现在的宗教学著作基本上都是西方的视野。各位如果有兴趣,不妨读读印顺法师的《我的宗教观》。印顺法师以《法华经》"正直舍方便,但说无上道"的慧解,追溯宗教的本质,贯通了世界宗教的内证和启示二大类型,为各宗教之间的对话和达到共通的"无上道",提供了一种独特而值得注意的视角。

宗教是人类文明的根源,也可以说是人类智慧的产物。随着人类知识的开发和增长,宗教也就有了从低阶渐渐达到高尚圆满的发展。印顺法师把世界上各种各样的宗教,判分为多神、一神、梵天、唯心和正觉五种类型。唯神、唯我、唯心的宗教,都不离自我的妄执,都是虚妄不彻底的。而佛教之所以称为正觉,即以缘起性空的哲学基础,彻底否定各种变形的自性见（我见）,否定了各式各样的天国,而实现为人间正觉的宗教。

人类宗教的发展历史,就是"正直舍方便"的过程。人类宗教通过不断的反省批判而达完善之境,从"漫画式"的扭曲、偏离和异化,逐步发展到"写生的、摄影的"如实表现,在历史长河中为适应不同时地根机之众生而呈现出种种方便。随着知识的增长、文明的进步,人类宗教必须舍弃不合时宜的方便,而以更加合适的方便取代之。

二、从"五眼"谈佛之知见

(一)需要什么样的宗教?

佛教存在世间的依据,在社会中传播的理由何在?《法华经·方便品》明确提出:"佛与诸佛为一大事因缘出现于世,为使众生开示悟入佛之知见。"佛,指释迦牟尼佛;诸佛,是三世十方诸佛。佛把他悟到的真理传递给世人,为什么学佛的多如牛毛,成佛的却如麟角?这是因为众生刚强难调难化,个个都自以为是。所以,佛的教化不会一劳永逸,在无限的时空中,会有无数的佛,在这个世界和其他世界上此起彼伏地不断出现。佛对真理的传播,众生对真理的追求和实践,是一条漫长的道路。

佛是什么?佛是觉悟者。觉悟什么?就是"缘起"的理法。佛的伟大,在于他觉悟到真理。佛出现在世界上最根本的理

第七讲　法华精神与人类宗教的未来

由,就是帮助众生开示悟入佛的知见。佛的知见,就是佛的智慧。这段话,从文化本体上指出了宗教存在于世的价值和理由。一言以蔽之,就是提高思想觉悟,清除精神污染。这就是佛与诸佛出现于世的大事因缘。

知见,是生命主体观察世界的立场、观点与方法。有什么样的知见,就成就什么样的主体,拥有什么样的世界。境界与心眼相对,我们要谦卑地承认自己缺心眼、小心眼。学佛,就是使我们上升到佛眼的高度。我们要做到开佛知见、见与佛齐,心包太虚、量周法界。就认识的高度和视野而论,佛教有肉眼、天眼、慧眼、法眼、佛眼等五眼之说。"不畏浮云遮望眼,自缘身在最高层。"佛的知见,就是觉悟者对终极存在的透彻把握。

一是肉眼。肉眼凡胎,通常以鼠目寸光、坐井观天、狗眼看人低等成语,讽刺目光短浅、眼界狭小。这说明肉眼对世界的认识是有限的、肤浅的、局限的,乃至于是扭曲的、虚幻的。现有的科学,借助显微镜和望远镜等观察手段,依然是肉眼的延伸,并没有质的区别。肉眼的观察方式,永远不可能穷尽一切。如果说科学可以穷尽一切的话,那除非是把我们人类作为"类",即在无穷无尽的生命长河中智慧的总和。哲学正是让我们认识自己,认清自己在天地群己中的地位和作用。

二是天眼。认识到凡胎肉眼的局限性,各民族的原始宗教和巫术,希望借助于神秘的力量和方法,穿透有限的个体生命,去了解和掌握无限的世界。在佛教中,这样一种神秘的力量就叫神通,包括天眼通、天耳通、他心通、宿命通、神足通、漏尽通,远远超越人类所能企及的世界和生命。其中前五通,在其他宗教中也具有,有些气功师也会"发通"。佛教承认有神通,但是不唯神通,重在智慧。所以佛教强调的是第六漏尽通,即佛教的智慧。

三是慧眼。佛教不能停留在物质主义的、科学主义的肉眼层面,这是把神圣的宗教庸俗化;也不能偏向于巫术式的、神秘式的天眼层面。佛教里有没有灵验的东西呢?有。但无论是在佛教教理还是佛教历史上,神通都不是主流。佛的核心价值,归结为智慧与慈悲。天眼和肉眼,都是凡夫的层面。佛教所追求的是转凡成圣。慧眼,即佛所悟到的真理"缘起性空"。即用这智慧之眼,彻见世界的本质——"空性"。只有看透,我们才能放下所有虚幻的表象和执着。

四是法眼。光看破、放下,我们很容易走向对世间消极的逃避。所以大乘佛法告诉我们,不仅仅是自己觉悟,还要使广大众生都能觉悟。菩萨全称"菩提萨埵",菩提是觉悟的智慧,萨埵是有情感、有意识的生命。玄奘法师把"菩提萨埵"译成"觉有情"。菩萨的弘愿要度尽一切众生,方证菩提。地藏菩萨有言:"地狱不空,誓不成佛。"上至国王大臣,下至贩夫走卒,都是菩萨救度的对象。菩萨普门示现,随缘应用对机说法的善巧

第七讲　法华精神与人类宗教的未来

方法,这种空有不二的智慧叫作法眼。如果说慧眼是掌握真理的普遍性,那法眼就要掌握真理的多样性,将真理从抽象上升到具体。

五是佛眼。这是最圆满、最透彻的智慧,具足五种观察世界的角度和视野。佛菩萨的眼界,把众生的有限世界含摄在清净的法界中,既包含了世间也包含了出世间。我在《佛教观察》杂志第一期卷首语中,论及办刊的宗旨:"佛之知见,即佛的智慧。我们都是肉眼凡胎,但发愿取法乎上,力图以佛眼观察世界、观照人生、观注佛教的发展。"《佛教观察》杂志以及博客和微博,英文翻译就叫 Buddha-eye(佛眼),打开佛眼就是开启佛的智慧。

(二) 宗教是为人而存在的

正如《六祖坛经》所说,一切三藏十二部大小乘佛经,都是为众生而存在的。世上如果没有众生,或者众生都已觉悟,那就不再需要有佛法。宗教是人类心灵的超越活动,超越的宗教正是为俗世人类而存在的。人之所以成为人,在于人有自觉意识,有永不满足的精神追求。人的超越精神,其前提就是能正视并反省自身的缺陷,知道人永远不能穷尽世界的一切,这就是一种深刻的反省力。人所独具的精神追求,使我们不断超越自然、社会属性,使相对、有限、有缺陷的存在趋向绝对、永恒、完美。

禅的智慧与人生境界

世界上有各种各样的宗教,有所宗则以为教。世界三大宗教中,就教义的神圣本源来说,基督教和伊斯兰教来自唯一的真神:耶和华、天主、安拉。神的启示通过先知(摩西、耶稣、穆罕穆德)传递给世人。我们把这类一神教,称为启示性或先知性的宗教。那么佛教有没有这样的创造者、主宰者和审判者呢?没有。佛陀顾名思义就是觉悟者。佛教的神圣本源,教理合法性的基础在于觉悟。佛把觉悟到的真理,用我们看得懂的语言表述传播开来,那就是言教、经教。所以佛教是内证性、智慧性的宗教。

不论是启示性的一神论宗教,还是内证性的佛教,都要通过信仰、祈祷、修行等宗教行为,通向超越尘世的终极存在。于是,人的超越性和世俗性这两种属性,就使人间的宗教展现为向上和向下两种通道。

向上的通道,是人仰望星空的信仰追求。这星空之上,不论是人格性的上帝、神、玉皇大帝、梵天,还是非人格性的道、梵、法性、真如,都是超越理性范围的终极神圣。承认人类能力的渺小,承认理性的局限,才能向神圣敞开心灵,为信仰打开通向终极神圣的通道。信仰是基于人意志的自主选择,是一种"朝闻道,夕死可矣"式的全身心投入。宗教若无理性的提纯,将是盲目可怕的,甚至会走向邪教;宗教若无情感的升华,将会变得冷漠和褊狭。所以,我们讲佛教的核心价值,不在神异,而

第七讲 法华精神与人类宗教的未来

在于智慧和慈悲。

向下的通道,是宗教在世俗社会的传播。宗教既要契理,契合终极的神圣和真理,也要契机,因应众生的根机和不同时空中的社会接受度。我曾经写过一篇散文诗《清泉与大海》,以清泉、江河、大海三者关系,描述宗教与经济、政治、文化的矛盾关系。神圣的追求,犹如清澈的山林溪泉,但不能停留在山上孤芳自赏。宗教要成为大众的宗教,就一定要从山上奔涌流下,汇入长江大河。宗教要度化世人,当然也会受世俗影响,犹如江河奔腾前行,与高山低谷发生冲撞,在千回百转中挟泥沙而下。江河必然注入大海,江河湖海升腾云雨,变成清泉的来源,形成水的循环。我们的根机、能力有大小,但无论是沟水、溪水、江水,我们不再孤独。人虽在江湖,心可以为自己做主。因为心中永远有一汪清泉,前面就是浩瀚的大海。

于是,佛陀出现于世的本怀,展现为开示与悟入两重通道。开与示,作为先知先觉者的佛菩萨,自上而下地向众生"开启""示导"佛之知见。悟与入,作为后知后觉的众生,自下而上地"了悟""证入"佛之知见。"了悟""证入"佛之知见,这正是人类在仰望星空的精神追求中所要达到的理想境界。

(三)中国宗教史的经验

在人类历史上,超凡脱俗、引人向善的宗教,若缺乏理性的提纯和宽容的精神,也会因知见的差异和教条的偏执,而导致人类相残的悲剧。纵观世界文明史,中国各宗教基本上和睦相处,罕见宗教迫害与宗教战争。而佛道儒三教关系的调适,也为当今世界宗教对话提供了足资借鉴的历史经验。佛教在对华传播过程中,没有采取强制改宗和宗教战争的激烈形式,而是在比较和平的环境中,运用佛教本身在思想理论上的优势,使中印两种高级文化在保持各自特征的前提下互相渗透、互相融合。

《法华经》"开权显实、会三归一"的思想,为佛教在中国的顺利传播,提供了最雄厚的思想基础和博大的视野胸怀。"中国化"是佛教在中国传播的手段,"化中国"才是佛教在中国传播的目的。"化中国"与"中国化",是真与俗、实与权的辩证统一,真不离俗而不退堕为俗,实应兼权而不依附于权。在这一过程中,佛教获得了中国的表现形式。

人类处在超凡脱俗的旅途之中,在探索终极真理、走向终极神圣的道路上,禅宗六祖惠能大师"心迷法华转,心悟转法华"一语,不仅可视为我们观察中国佛教史的一条主线,也能为当今宗教对话、共建和谐世界提供丰富的思想资源。

六祖告诉我们,一切经教皆是佛为人而设置。此即《金刚经》所说,佛说的经典,是帮助人达到解脱的渡船,上了岸就不再需要船了。但在没有觉悟之前,人必须通过善知识的教化,听闻佛法,阅读经教,进入理性层面的闻慧和思慧。进一步要通过真修实证,达到修慧,人才能把握佛的智慧,悟入、证入佛所觉悟到的实相。

所以,对认识真理来说,理性是必须的。但佛教超越了理性,又涵盖包容了理性。在全世界各种宗教和哲学思想中,对自身的经典持如此豁达开放态度的,唯有佛教。六祖又警醒我们"诵经久不明,与义作仇家",即若把经教及仪式对象化,则反成解脱的障碍。佛法是觉悟之道,要掌握佛经的精神实质。佛道贵在流通,应无所住而生其心,让佛教的智慧在世上传播。

三、法华精神与如来使

(一) 会三归一:哲理上的普遍妥当性

《法华经》的主旨,在于"正直舍方便,但说无上道"。在法华会上,为什么会有五千声闻乘弟子退席?声闻乘与缘觉乘,都是小乘佛教,他们守住自己立场,得少为多,停滞不前,与大乘佛教形成对立。但在《法华经》一乘佛法的观照下,大小乘佛法并非水火不容。所谓"会三归一",就是以声闻、缘觉、菩萨三乘,视为方便权教,即权宜之教,是通向一乘佛法的中间环节和过渡阶段。三乘佛法所修习的所有内容,都是一乘佛法的有机组成部分,是走向终极宝所途中的驿站。大乘不排斥小乘,但要用一乘的无上佛法把以往的方便权教格式化、系统化,成为一乘佛法内在有机的组成部分,最终将三乘佛法的所有精华通通汇归于一佛乘。

经过这样"开权显实、会三归一"的一乘教,就具有包容一切的特性,能起到统摄各宗各乘的作用。那么能把各种思想体系和宗教派别融会于一乘的力量是什么呢?在于实相!佛陀的伟大,不在于神通,而在于他悟到的真理。唯有真理,才能够服人。佛对真理的透彻把握,就是权实不二的中道实相之理。实相超越世间一切相对法和语言分别之上,是一切事物真实常住不变的本性和万物平等的最高真理。过去摄受历代的中国佛教徒,未来能够摄受全世界各民族文明体系的手段也唯有真理。

人类所追求的终极真理,佛教称为"诸法实相",是觉悟者才能究竟把握的证法。故《法华经》说,诸法实相,唯释迦牟尼佛与三世十方诸佛乃能证知。在追求真理的道路上,只要我们谦卑地承认人类知见的有限性,莫作"增上慢人",那么《法华经》"开权显实"的态度,恰恰可以消除人类自以为是、唯我独尊的偏执。

正是在这超越各种分别知见的实相观中,《法华经》说一切众生皆可成佛的原理,无论善人恶人、男人女人,长老幼女,乃至闻《法华经》一偈一句者无不毕竟成佛。《法华经》的特点是

第七讲 法华精神与人类宗教的未来

道理最为普遍圆满,而修行方法最为简便。因为真理必须是普遍的,只有普遍的真理才能摄受一切人和一切事。在这绝对圆满的真理观下,众生对真理的探索和实践,都与实相不相违背。故《法华经》说,只要进入塔庙内,口称一声南无佛,即成无上道,乃至像小孩在海边上游戏,聚沙以成佛塔,亦成无上道。因为我们内心已经打开向上的善门,具有接受真理、走向真理的坚实起点。

(二)本地垂迹:信仰上的永恒实存性

刚才讲到肉眼,我们承认人类理性和知识的有限性。人由于本身的局限性,不可能穷尽真理,了解世界的一切。在科学的尽头,就是信仰的领域。康德的《纯粹理性批判》,就是要为理性与信仰划界。

这就必然涉及信仰的对象——终极神圣。人类的信仰史,经历了从自然崇拜、多神信仰、一神信仰乃至正觉的信仰等阶段。各种宗教所信仰的神祇,到佛教思想体系中,皆整合为一大法界中的众生。众生在理上平等,而在事上呈现差异。终极神圣,作为信仰的对象,有人格化的和非人格化的。人格化的,像上帝、梵天;非人格化的,像道、空、法性、真如,都是人类宗教所信仰的终极存在。

大乘佛学的佛身理论,即法身佛、报身佛和化身佛,圆满统一了人格化的和非人格化的终极神圣。历史上的释迦牟尼佛,是三乘弟子与凡夫所见的应化身。他是实相之理的觉悟者,也是历劫修行的功德成就者。他在历史中产生,也在历史中消逝。但释迦牟尼佛所觉悟的中道实相之理,则是永存的,如《阿含经》所说:"若佛出世,若未出世,此法常住,法住法界。"故法在佛先,佛陀通过经教所传递的真理,即是法身的体现。报身佛,是菩萨历劫修行的功德果报身,唯小乘阿罗汉和大乘登地菩萨以上的圣者才能见到。

《法华经》以"本地垂迹"的理路,阐释了法身、报身与应化身的关系。"本",说明释迦牟尼久远劫前已成佛果。这本地佛是久远实存的,超越了时空。本地佛应众生需求,为了度化众生的一大因缘,才有种种应化身的垂迹示现。打个比方,脚是本,脚印是迹,根据这个迹就可以求这个本,显现信仰上的永恒实存性。

众生与佛同具一乘之佛性,故能接受佛的开示,而显现本具的佛性。于是,超越时空的法身"从本垂迹",方能在时空的开展中与众生相遇。佛跟众生感应道交,这是一个双向交流的过程。凡夫众生经由佛菩萨等圣者的引导,才能沿流溯源,由迹达本,走向永恒的法身。正是在这个彻底的信仰框架下,"从本垂迹"的佛身观,开展为观音菩萨普门示现的应化度生,以及中土以弥勒菩萨化现的傅大士与布袋和尚、弥陀化身的丰干禅师、文殊普贤化身的寒山拾得等应化事迹,"医治不死病,佛度

第七讲　法华精神与人类宗教的未来

有缘人"。"从本垂迹"与"由迹达本",是上下交流的双向通道,佛菩萨有度化一切众生的悲愿,那也要众生抬头仰望星空,才能接受佛菩萨的教化和救助。

(三) 开权显实:方法上的圆融无碍

《法华经》所开显的一乘实相,含摄了世间与出世间一切万法。刚才从哲理和信仰两方面做了分析:理论必须彻底,才能通达全局;信仰对象必须久远,心灵才能得到安顿。我现在讲方法,即世法与出世法圆融无碍的中道智慧。

凡夫众生也讲智慧,诸如官场谋略、商战心计,天天在滚滚红尘里耗费人生。若说圣人是大智若愚,那我们凡夫其实就是大愚若智,执着世间而沉沦生死。小乘跳出三界轮回,但只求自己的解脱,执着出世间。大乘既不执着世间,也不执着出世间。不住有为是智慧,不住无为是慈悲。大乘把生死与涅槃打成一片,以出世的精神做入世的事业。大乘佛法以莲花出于淤泥而不染为譬喻,化世间而不为世间所化。常在河边走,就是不湿鞋,这就需要有"开权显实"的方法。

《法华经》中有说明这一妙法的著名偈颂:"是法住法位,世间相常住,于道场知已,导师方便说。"(《法华经·方便品》)是法,即一切色心之法;法位,即真如正位。一切精神和物质的现象,皆安住于真如(法位)之中,各就各位。世间相常住,指世间一切事物虽变迁无常,皆在实相中依因缘而各安其位。

凡夫俗子对世界的认识，也就是井底之蛙般的一个点。若能把点对点的因果关系连成线，就是很了不起的知见了。能把线与线连成面，就是相当全面的知见了。但是，无论是点、是线，还是面，依然不能摆脱非此即彼的分别。分别，是凡夫知见，而佛菩萨是不二的智慧。要达到不二，就要从点、线、面的那种分别知见超越出来，达到圆融不二的智慧。若把世界比喻为一个完整的圆球，那么我们的思维也必须像球体一样圆融透彻。因为球面上的任何一点，都与圆心的距离是相等的。此所谓头头是道，悟道者做什么都合乎真理。

天台宗三谛圆融的真理观和方法论，把"开权显实"的方法发挥到极致。用空观扫荡一切执着，透彻地认识真理的普遍性，即真谛。然后在空观的基础上进入假观，以俗谛安立一切因缘际会的现象，具体地认识真理的多样性。最后以中观统一空假二观，双遮双照，掌握中谛。双遮，就是否定偏执空观与假观的片面性；双照，指中观内在地包含了空观与假观，从而空、假、中三谛圆融，与实相完全契合。明白这一实相无不相之理，我们在生活世界中处处都能体悟到"郁郁黄花无非般若，一色一香无非中道"的妙境。于是，"一切治生产业皆与实相不相违背"（《法华经·方便品》）。佛教要走向世界，必须走向社会生活的方方面面。在"开权显实"方法论的观照下，世间的职场就是道场，一切万法都是佛法。

第七讲　法华精神与人类宗教的未来

(四) 如来使：菩萨强大的精神动力

宗教思想要深入最广大的人群，就必须超越狭隘的教派和宗派立场，以高超的视野和广阔的胸怀，化解一切人为的窒碍和樊篱，打开通向终极神圣的道路。只有这样，我们才能使宗教成为信仰者"朝闻道夕死可矣"式的志业，并把一切尘世事物有序地涵摄在内。《法华经》在哲学上论证了终极真理——诸法实相，在信仰上论证了久远实存之佛，在方法上统一了出世法与世间法，那么其重点就展开为人间的凡夫为通向真理和终极神圣的菩萨行实践。

从小乘的戒定慧三学发展到大乘的六度，所增加的布施、忍辱、精进这三个项目，多与社会生活有关，皆是菩萨深入人间所必须历练的。从深山老林独善其身的修行，大乘菩萨行者走向滚滚红尘，广行布施服务社会大众，还要行忍辱——忍受人家的误解、污蔑乃至迫害，并精进不懈。菩萨道不是那么好行的，必须行人所难行，忍人所难忍。

如来使，是《法华经》对菩萨行者的形象写照。在《法师品》中，把诵持、讲说《法华经》的人称为"如来使"，即从佛的世界派到这个娑婆世界的佛陀使徒：

> 若是善男子，善女人，我灭度后，能窃为一人说《法华经》，乃至一句，当知是人，则如来使。如来所遣，行如来

事。何况于大众中广为人说。

"如来使"这一概念在其他佛经中极少见,是《法华经》中特有的称呼,指在末法时代不畏邪恶艰难,负起弘扬佛法的使命。当如来的使者,为如来所派遣,行如来之事,这是"如来使"行走在菩提大道上的强大精神动力和人格楷模。《法华经》特别指出,菩萨行者要发愿于佛灭后的恶世末法时代,不惜身命,忍受种种骂詈毁辱等磨难,修身、口、意、誓愿四种安乐行。日本学者田村芳朗与梅原猛在《天台思想》一书中,认为这一概念好似耶稣的"使徒",在充满危机的末法时代具有警世的作用。

在北京大学、中国人民大学留过学的日本学者菅野博史指出:"如果把以上的一佛乘的思想和久远的释尊的两个思想比喻为两个巨大的建筑物的话,那么支撑它们的大地便是释尊涅槃后担当受持、弘通《法华经》使命的'地涌'菩萨。"①

地涌菩萨,是指释迦牟尼佛说法时,在无数久远前即受释迦如来教化过的无量大菩萨众,从地下涌出,住在虚空中,称为本化之菩萨。

---

① 菅野博史:《法华经的中心思想——以一佛乘思想为中心》,《世界宗教研究》1996年第3期,第68—73页。

第七讲　法华精神与人类宗教的未来

四、做从地涌出的菩萨行者

(一) 从道术为天下裂到道通为一

真理是普遍的,普遍的真理必定能为所有人所接受。人类的痛苦,在于知见的纷扰而又执着,正如《庄子·天下篇》中所感叹的:"道术将为天下裂"。这种思想学说上的分歧,若以政治强力推行,遂造成人类历史千百年来的纷争和动乱。

《列子》上写道:"东方有圣人焉,西方有圣人焉,此心同,此理同,盖不同即非圣人。"无论东西古今,人都存在着共同的永恒问题,即生命的存在与意义,即如何把握绝对的问题。《法华经》是部"绝妙说法"的宝典,开启了道通为一的道路,不仅深刻地影响了两千多年中国佛教的发展,对人类宗教的未来也能提供强大而丰富的思想资源。

(二) 一切资生事业皆顺正法

我们都是在追求真理途中的"穷子",只要知道自己能力的有限、知见的局限,就能以最大的谦恭和宽容,对待人类一切思想体系。我们也知道,"穷子"身上有着与终极神圣相通的觉悟本性。当我们了解佛陀所开显的真理之后,我们就都在追求真理的大道上。

发心不易,守住初心更不易。如何坚守理想?终极目标到底什么时候才能实现?《法华经》会三归一的原理告诉我们,在穷尽诸法实相的一乘圆理指引下,现在所做的点点滴滴,都是达到最终宝所的有机组成部分。在掌握普遍真理的基础上,对一切世俗的思想理论及资生事业,菩萨行者悉可从容施为,作为在人间弘扬佛法之方便,并终将回归实相的大海。

我们现在知道,如来使是发心做有志于觉悟人生、奉献人生的菩萨行者,是把法华真理普及世界的如来使者。那么,途中即家舍,家舍即途中。终极的宝所,就在我们担当如来使即觉悟使者的实践途中。

如来使代不乏人,律宗祖师道宣寂后,唐穆宗制赞曰:

> 代有觉人,为如来使。
>
> 龙鬼归降,天神奉事。
>
> 声飞五天,辞惊万里。
>
> 金乌西沉,佛日东举。
>
> 稽首归依,肇律宗主。

《太虚大师年谱》记载,当时圆瑛法师住持宁波接待寺,并办佛教讲习所。太虚大师对其期望之甚深,赋诗持赠:

> 会入一乘皆佛法,才皈三宝即天人。
>
> 当为末劫如来使,刹刹尘尘遍现身。
>
> 三千世界真经典,剖出微尘也大奇!

第七讲 法华精神与人类宗教的未来

> 珍重斲轮运斤手,总令机教得相宜!

如来使的风范,还可以看孟子所展现的大道理:

> 故士穷不失义,达不离道。穷不失义,故士得己焉;达不离道,故民不失望焉。古之人得志,泽加于民;不得志,修身见于世。穷则独善其身,达则兼善天下。(《孟子·尽心章句上》)

> 居天下之广居,立天下之正位,行天下之大道;得志与民由之,不得志独行其道;富贵不能淫,贫贱不能移,威武不能屈:此之谓大丈夫。(《孟子·滕文公下》)

面对复杂的世界,心中拥有真理,人虽在江湖,心可以为自己做主。

---

* 本文先后讲于:浙江桐乡香海禅寺禅修营(2012 年 8 月 12 日);山东博山正觉寺佛商禅修班(2012 年 10 月 5 日);东南大学"中西经典文化"系列讲座(2013 年 4 月 22 日);成都文殊院"智慧之旅"禅修营(2018 年 7 月 19 日)。本文以香海禅寺记录稿为基础,收入本书时略作增删。

第八讲　观音信仰与佛教慈悲精神

今天我给大家讲四个方面的问题。第一，我们需要什么样的宗教？刚才主席在致辞中讲到世界现在正面临的灾难，而人生本身就会有苦难。有人生就有宗教的需求，我们需要什么样的宗教呢？这就引出第二点，悲智双运，从心开始。2006年在普陀山举行的首届世界佛教论坛，提出了一个划时代的主题：和谐世界，从心开始。对这个口号的哲学意义，结合"悲智双运"，我对大家做一个交代。第三，我们要做观音菩萨的千手千眼。什么才是真正的观音崇拜？指望菩萨为自己做事的，进行利益交换的，那是迷信；愿意为菩萨做事付出的，那才是宗教！我发现在佛教信徒中，存在一种急于求成的焦虑，我把这样一种心态，称为"学佛焦虑综合征"。这就引出第四点，路在脚下，途中即是家舍。我们要用观音菩萨慈悲和智慧的精神，克服人在旅途中的乡愁，对治这种焦虑症。

一、我们需要什么样的宗教？

孙中山先生曾经到过普陀山，据《游普陀志奇》记载遇到过灵异的事件。后来，他说过一句名言：宗教可以弥补法律、道德之不足。当今中国需要什么呢？在经济、政治、精神三大层面，我们需要的是财富、社会正义和天理良心。21世纪的中国，无疑要以经济建设为中心。但是，君子爱财，必须取之有道。那么，道在哪里？道的第一个层次，属于世俗社会的法律和道德。道还有更深层、更本原的来源，那就是超越世间的神圣的宗教精神。

面对当今中国出现的一些宗教乱象，我们究竟需要什么样的宗教呢？不妨借用佛教的五眼术语，从五种观察视角来观照，当今中国宗教处于哪些层面？

1. 肉眼层面的宗教。在物质主义、科学主义的笼罩之下，社会把宗教高度俗化了。所谓"宗教搭台、经济唱戏"，宗教要为政治和经济利益服务。现在大量的宗教乱象，究其实还处在凡夫俗子的肉眼层面，于是贿赂的、低俗的行为随处泛滥。

2. 天眼层面的宗教。人类的有限性，导致人对未知世界和神秘事物的迷思。当人无法彻见宇宙的实相，无法把握自己的命运时，就会流于对怪力乱神的迷信，于是出现大量巫术式的、神秘主义式的崇拜。对神灵的崇拜,充其量我们把它放在天眼的层面。在佛教的世界观里,肉眼和天眼所观的世界,都属于凡夫俗子的层面。

3. 慧眼层面的宗教。虽然天眼所观,远高于我们人类世界,但是人之上的天人系统依然属于三界内的凡夫。所以,我们需要有一双慧眼,把这个世界看得清清楚楚、明明白白。对佛教来说,这个慧眼就是彻见世界的本质,就是缘起性空的真理。

4. 法眼层面的宗教。光把这个世界看破、看透、看空,那还是不够的。超越尘世,是要提升、转变尘世,并不意味着逃离这个尘世。这就进入了菩萨的法眼层面。菩萨不舍弃众生。面对这个五浊恶世,菩萨倒驾慈航,深入世间,普度众生。法眼,就是空有不二、悲智双运的菩萨精神。

5. 佛眼层面的宗教。佛,是已经成就了的菩萨。我们虽不能至,但心向往之。

二、悲智双运,从心开始

我有幸参加了首届世界佛教论坛的相关筹备工作,论坛的主题,主办方也听取了我们的意见。"和谐世界,从心开始",这个口号在哲学高度上奠定了佛教存在的神圣性基础。和谐,在中国哲学中意味着和而不同，即在政治、宗教、学术等构成的社会共同体中，我们承认佛教与世间不共的主体性和宗教品格。"和"，是无限多样性的统一，不是"捣糨糊"，不是泯灭是非。在理上，是和谐，是不二；在事上，善就是善，恶就是恶。现在一些混淆是非的、似是而非的说法，已经严重危害了佛教的发展。

从心开始的这个"始"，还有"觉今是而昨非""重新开始"的意义。那么，"从心开始"，从哪里开始？要走向何处？按照佛教的说法，心、佛、众生，三无差别。但在凡夫的立场上，从转凡成圣的因地入手，主体的心跟佛之间还存在着巨大的距离。所以，我们必须抬头仰望星空。这个仰之弥高的佛，就是生命的高度。我们要用佛的智慧、佛的知见，来提升生命高度，用佛的智慧来打开眼界，这是智慧的一面。从心的横向面来看，联结着广大的众生和众生所依存的环境，就是生命的广度。我们要以菩萨慈悲、大爱之心，来放大心量，拓展生命广度，这是慈悲的一面。

这次会议的论文集，有一些学者提出了感应的问题。感应，是众生与佛菩萨的双向交流。众生对菩萨的信仰，要有信才有感，才能得到菩萨的回应。感，是众生有善根感动之机缘。应，即佛菩萨应众生的根机而来帮助我们。众生的根性有百千万种之多的差异，诸佛菩萨于是而有各种不同的机应。所以，佛教的三藏十二部，都是为解决众生的生命问题而设立的。

第八讲　观音信仰与佛教慈悲精神

如果我们仅仅停留在凡俗的肉眼或者天眼层次,把宗教信仰作为利益交换关系,这就大大贬低了宗教信仰的层次,也大大贬低了菩萨的精神。只有见贤思齐、一心向善,才是宗教。西方有句话说:"人必自助,而后天助之。"那么我们中国人说:"人必自助,而后佛菩萨助之。"只有我们向菩萨看齐,接受佛法的精神,菩萨才会来帮助我们。

菩萨悲智双运的精神,就是以智慧提升眼界,以慈悲放大心量。佛教哲学有缘起论和业力论两个基本点,从缘起论引出普遍联系、性空无我的基本原理,从业力论引出依正不二、自他同体的基本原理。这两组基本原理,也就是智慧与慈悲两轮。而联结悲智两轮的主轴,则是我们的"心"。我们走在上求菩提、下化众生的大道上。

心是实践的枢纽,纵向展开以成佛为中心的向上途径,横向展开为庄严国土、利乐有情的菩萨事业。"从心开始"这个命题,在哲学上的革命意义不言自喻,恰可对治当前人欲横流、物质主义盛行的"时代病"。

三、做观音菩萨的千手千眼

让菩萨为自己做事,为自己谋利益,那是迷信;让人们为菩萨做工,帮助菩萨一起来普度众生,那才是真正的宗教。"菩萨"的本义就是觉悟众生,不仅使自己觉悟,还要使众生觉悟。自觉是智慧,使他人觉悟就是慈悲。

菩萨有四层含义:智慧、慈悲、愿力和行动力。普陀山有副名联:"有感即通,千江有水千江月;无机不破,万里无云万里天。"上联是讲慈悲,也就是心肠要热;下联是讲智慧,也就是眼光要冷。

"有感即通",是说观音菩萨寻声救苦,普门示现而救众生的苦难。就好像月印万川,众生于千江水中,皆蒙受观音菩萨慈悲月光的普照。《悲华经·诸菩萨本授记品》:"愿我行菩萨道时,若有众生受诸苦恼恐怖等事,……忧愁孤穷,无有救护,无依无舍,若能念我,称我名字,若其为我天耳所闻、天眼所见,是众生等,若不得免斯苦恼者,我终不成阿耨多罗三藐三菩提。"

"无机不破",是说在般若智慧的观照下,破除任何我执和法执,其空寂灵动的心灵,如万里天空,晴朗无云。观音以深湛的智慧,照破五蕴皆空,度脱身心的一切苦厄,所以又称为"观自在"。《般若波罗蜜多心经》云:"观自在菩萨,行深般若波罗蜜多时,照见五蕴皆空,度一切苦厄。"

菩萨是悲智双运的。智慧如果没有慈悲心量的拓展,那就不是大智慧;而慈悲如果没有智慧的引导和提升,其作用就非常有限。所以不是要向观音菩萨索取什么,而是学习其普度众生的精神,成为社会各个阶层的榜样,以自己的能力,承担起更多更大的社会责任。正如中国台湾地区的慈济功德会的标志性口号:哪里有灾难,哪里就有慈济人。而慈济有句名言:手心向上是索取,手心向下是奉献。

四、路在脚下,途中即是家舍

我刚才讲到"学佛焦虑综合征":要寻找一个最好、最快、最便宜的成佛途径。1998年我第一次去中国台湾地区参加学术会议的时候,曾经当面请教过印顺法师关于悟道的问题。所谓菩萨留惑润生,既然自己都度不了自己,如何解决自己成道和普度众生的问题呢?印顺法师语重心长地指出:"最重要的是要发菩提心,及永度众生的精神;包括开悟在内,都是无数世之熏习,时机成熟才会成就,故勿急功近利!要尽未来际行菩萨道!"[1]

这就是说,成佛是累生累世行菩萨道的无穷过程,不要奢望在今生今世就能完成。人间佛教运动的宗教归宿,就是在我

---

[1] 王雷泉:《第三只眼看台湾佛教》,《佛教文化》1999年第1期,第6—10页。

们生存的大地上建设人间净土。这是一个众缘和合、尽未来际的宏远目标,所以需要各界人士一起共襄盛举。

怎么克服这个"学佛焦虑综合征"?在《金刚经》中,须菩提向佛陀提出两个问题:"善男子、善女人发阿耨多罗三藐三菩提心,云何应住?云何降伏其心?"这个所需要降伏的心,其实就是"学佛焦虑综合征"。也就是说,我们如何把心平和地安住在终极关怀,如何在走向终极目标的过程中,克服各种错误的认识和患得患失的心理。当我们处在修道过程中,而目标远在天边时,难免会产生焦虑,也就是所谓的"学佛三年,佛在天边"。大乘佛教的精神,就是把成佛的目标跟行菩萨道的过程紧密地结合在一起。

我们在"佛教观察"的博客上,讨论过怎么来克服"人在旅途"的乡愁问题。"途中即家舍,家舍即途中。"此为大乘佛法的核心思想。成佛作祖的终极理想,体现在菩萨道修行的过程之中。所以,理必须圆,必须顿,必须把心安立在佛菩萨所在的法界之中,我们才能真正地得理而安心。但在事上,我们要展开循序渐进的实践。大乘菩萨道必须进入社会,跟我们入世的事功打成一片。

这就是沩山禅师所提倡的:"实际理地,不受一尘;万行门中,不舍一法。"即药山禅师所说:"高高山顶立,深深海底行。"高高山顶立,是眼光要冷的智慧;深深海底行,是心肠要热的

第八讲 观音信仰与佛教慈悲精神

慈悲。

菩萨是世人的不请之友、不请之师,是热血沸腾的英雄好汉。所以我非常欣赏元代耶律楚材居士的一首诗:"从征万里走风沙,南北东西总是家;落得胸中空索索,凝然心是白莲花。"不必拘泥于要把世情抛弃才能使道情通达,这个"世情"与"道情"本来就是贯通的;也没有必要把这个纷繁的世间看成异乡,以"过客"的心态意欲厌离这个世界,而去追求与这个世界完全隔绝的理想国,也就是所谓"故乡"。

我们不是异己的、异乡中的过客。走上菩萨道的善男子、善女人,就在这个五浊恶世创建理想的佛国净土,这就是家乡,也就是故乡。所以,途中就是家舍,而家舍就在行菩萨道的过程之中!

---

* 本文源于笔者在普陀山观音文化论坛的讲演(2009年11月15日)。收入本书时,有适当删改。

第九讲 真理与自由
——佛教的思想与方法

引言：观自在

今天这个讲座，与EMBA"行戈壁，观自在"的活动有关。在佛教语境中，自在即自由的意思。人生在世，处于无尽缘起的因果网络中，人如何才能得到自由？佛学以领悟真理而得自由，落实在上求菩提、下化众生、庄严佛土的悲智双运过程中。

复旦校训"博学而笃志，切问而近思"里，也隐含自由的意思，这里有儒家"智、仁、勇"三达德。"智者不惑、仁者不忧、勇者不惧"，这就是君子养成的三大属性。燕京大学校训说得很好：因真理，得自由，以服务。

大家现在的"行戈壁"，不像当年玄奘法师那样孤僧独行，而是一群人坐着飞机、开着皮卡行走戈壁滩。至于"观自在"，在玄奘圆寂时，唐高宗的悼词里有这么一段话："沙漠孤行，仗心经而解厄；化缘告绝，依心经而入灭。"这说明玄奘法师悉心求法,跟《心经》有着密切的关联。

玄奘的弟子窥基在《唐梵翻对字音般若波罗蜜多心经序》中记载:玄奘在启程去印度之前,曾经到四川成都学习梵文,在那里曾照顾一位得病的法师。他知道玄奘发愿西行取经,赞叹不已,传授给他一部经文,若在路上碰到艰难险阻,诵这个经就可保往来西天平安。

这就是《心经》。玄奘在路上遇到困厄就持诵《心经》,平安到达中印度那烂陀寺后,正好遇见那位病法师。原来他就是观音菩萨的化身。

这件事是窥基从师父那里听来,然后记下来的,不过这只是孤证,聊备一说。"化缘告绝,依心经而入灭",说的是玄奘即将圆寂时,是诵《心经》而圆寂,所以《心经》伴随了他的一生。

《心经》开宗明义第一段,彰显菩萨行者实现终极理想的理论根基和悲智双运的实践品格:

> 观自在菩萨,行深般若波罗蜜多时,照见五蕴皆空,度一切苦厄。

观自在菩萨,此指能观智慧的菩萨。他在"色受想行识"之五蕴构成的生活世界当下,以观照般若的智慧,照察宇宙人生的真理,即"五蕴皆空"的本质,达到"度一切苦厄"的效果。

"蕴"是堆集的意思,指五组要素构成了我们的身心世界。

第九讲　真理与自由

色蕴,指构成肉体的物质要素,"受想行识"等四蕴,都是精神要素,可见佛教重视的是心理现象、心灵智慧。心的清静或污染,造就了我们所面对的世界和生命状况本身。受蕴,是当下的感受。想蕴,把当下的感觉经验保存在记忆里,并且重新组装,是记忆和想象作用。行蕴,决定行动的意志,是推动做好事或者坏事的动力。识蕴,就是意识,能够辨清是非、分清主客,统一我们的人格,并且把此生所有的行为信息带到来世,就叫作"识"。

观自在,通常翻译为观世音。玄奘所处时代的皇帝是唐太宗李世民。神圣的宗教到了集权专制的中国,不得不适应中国特色,要避讳,所以观世音就简化为观音了,玄奘干脆译成观自在菩萨。"观"有观照和观行两层含义:一指观照般若,能照见实相真理的无分别智慧;二指观行,解行并重,知行合一。所以般若不仅仅是理论,它更是实践。

按照观照和观行两层法义,观自在菩萨展开悲智双运的菩萨道修行。在智慧的观照下,彻底消除烦恼障和所知障,心灵得到完全的自由,没有任何障碍束缚,把以往所执着的一切现象及概念法相统统消归于空性中,再依体起用,善于运用世间各种各样的法相而无不自在。

烦恼障和所知障遮蔽了对真理的认知,使我们看不清世界的实相。来自情感、欲望所导致的障碍,叫烦恼障;认知中的偏见就是所知障。我们的认知是有限的,认识当中还会产生错误,即便你认识的道理是对的,过分执着、矫枉过正也会导致相反的结果。这些局限、偏见、错误,导致我们偏离了真相。人的精神污染来自哪里?要么来自贪婪,要么来自偏见。学佛就要从烦恼障和所知障中解脱出来,获得自由。

以上是从智慧门进行的解释。东晋时期鸠摩罗什翻译的《法华经》里,则从慈悲门谈到观世音菩萨的另一个层面。观世音菩萨从悲心中观照众生痛苦,听闻众生求救之声,普门示现救度众生。普门,意指普遍开启方便法门。菩萨用中道实相道理,能开启无量方便法门,应机示现种种身相,救度有缘众生。如救度对象是国王大臣,菩萨就显现为政治家的形象;如救度的是工商业从业者,菩萨就显现为商学院的教授。这是从慈悲门的解释。

《心经》侧重谈智慧门,但观自在菩萨把悟到的真理,与舍利子等佛弟子分享,这又是慈悲门,在行菩萨道的过程中来成就成佛的伟业。《心经》第一段经文,可说是大乘佛教的总纲,包括所要体悟的真理(境)、悲智双运的实践(行)和身心自由的状态(果)三者。佛学以领悟真理而得自由。就自由的根基与实现途径,我将佛学概括为三层教义结构。

一是真实理(境):缘起性空的哲学基础。境,是心相对应的认识对象,包含世界万事万物的现象,以及现象背后的本质。

第九讲 真理与自由

缘起性空是佛所悟所说的真理,构成佛教的哲学基础。

二是平常心(行):悲智双运的实践品格。佛学以平常心对治分别心,高扬大乘佛教两大核心价值智慧与慈悲,在菩萨道中认识真理、践行真理。

三是自由分(果):超凡脱俗的人生境界。在践行真理的过程中,获得相应的身心自由状态,达到超凡脱俗的人生境界。

一、真理之境

真理之境,对应于生命主体的能观之心。按佛教哲学的说法,境由心造。凡夫俗子的心是有分别的识,心灵是分裂的、扭曲的。坐井观天、鼠目寸光、狗眼看人低,这些成语都意指由于分别心的扭曲割裂,导致凡夫所见的并不是真实的世界。故《金刚经》讲:"凡所有相,皆是虚妄……若见诸相非相,即见如来。"要以佛菩萨无分别的智慧,才能认识真理。

《心经》通过对世俗世界本质的分析、对小乘基本教义的超越、对大乘核心精神的概括,归结到"无所得"的境界,才能说是证得了涅槃和大菩提,即佛教最高境界。《心经》中有两个关键词,建立了人生的究竟目标。一是"真实不虚",运用毕竟空的智慧,彻底扫除认识中的障碍,扫除那些"颠倒梦想"后,才能达到对真理的完全把握。二是"究竟涅槃",展开菩萨道悲智双运的实践,发心学佛须经历艰苦卓绝的过程,才能达到信仰上的终极目标涅槃解脱。

真理之境,探讨生命与世界的真实。释迦牟尼悟道的境界及其毕生宣讲的思想,即缘起性空,这是佛学与任何其他哲学体系和宗教不共的哲学基础。佛教究竟解脱的信仰目标,体现在对真实的哲学慧解上,即《法华经》所言:"佛与诸佛为一大事因缘出现于世,为使众生开示悟入佛之知见。"

佛之知见,就是佛的智慧,即对空性真理的彻底把握。诸位,千万不要误解"空"是什么都没有。空就是事物的本质,是万事万物的实相,无以名之,姑以空来表示。佛教初传中国时,最早借用道家哲学范畴,把空翻译成"无",道家讲"天下万物生于有,有生于无"。但是,"无"意指本体论意义上的实体性,跟"空"的本义并不相称。西方人最早把它翻译成 nothing,什么都没有,导致了虚无主义的错误理解。

> 缘起法者,非我所作,亦非余人作。然彼如来出世及未出世,法界常住,彼如来自觉此法,成等正觉,为诸众生分别演说,开法显示。(《杂阿含经·杂因诵第三》)

释迦牟尼所悟的真理是缘起法,他毕生宣讲的思想是缘起法。缘,指条件,万事万物的存在,都是由众多条件依据一

第九讲 真理与自由

定的因果关系而形成,由于条件的缺失而走向消亡。缘起缘灭,没有一个永恒不变的实体性存在。大至创始主,小至个体的灵魂,都是缘起的现象,没有不依赖任何条件而独成的东西。

空,有两层含义。作为动词性的用法,空是彻底放下的否定性辩证思维,不断消除凡夫对名相的执着。作为名词性的用法,称作空性,就是荡相遣执,消除一切知见障碍之后,所呈现出来的实相。你悟也罢,不悟也罢,真理就在那里,不生不灭、不垢不净、不增不减。佛的伟大,在于他觉悟了空性真理,用众生能理解的方式分别演说,使众生也能依此觉悟真理。

我是谁?"五蕴皆空"解答了这个问题,生命是五蕴构成的一个暂时集合体。我从哪里来?释迦牟尼以流转缘起,揭示现实世界生灭无常的因果关系,概括为起惑、造业、受苦三个阶段。因思想产生烦恼纠结,于是造下种种错误乃至罪恶的行为,从而承担个体、社会和自然的种种苦果。将惑业苦三道展开,则构成三世两重因果关系。过去二支因:无明缘行。推动现在五支果:行缘识、识缘名色、名色缘六处、六处缘触、触缘受。形成现在三支因:爱缘取、取缘有。从而推动未来二支果:生缘老死。

按照物质不灭、能量守恒的规律,前世生命死后,构成肉体的色蕴,以地水火风四大物质要素还归大自然。"受想行识"等精神活动的能量,将所有生命活动信息带入下一世,与今世的父精母血结合,构成新的生命,即现在五支果。今世生命的存在状态,由我们的行为所决定。爱,是盲目的爱憎激情。取,是盲目的取舍行为。有,是生命的存在,一系列取舍的选择性行为,导致今生的生命状态。因此,现世三支因,决定了今世的存在状态和来世的去向。佛经讲"欲知过去因,现在受者是;欲知未来果,现在做者是",按佛经的观点,要知道来世到哪里去,不需要问算命先生,自己心中应该有数。是继续做人还是到天上享福,或者来一个降维打击,坠入畜生道,都取决于今生的行为。

我将到哪里去？"悟已往之不谏,知来者之可追。"流转缘起,说明凡夫在六道中轮回的轨迹。怎么来改变由无明推动的生死流转呢？那就从源头上扭转无明的趋势,用智慧从生死的此岸,走向解脱的彼岸。还灭缘起,阐明解脱轮回达到理想境界的途径。佛教的教义总纲,基于缘起论,建构起苦集灭道四圣谛。苦谛和集谛,说明了流转缘起的因果关系;灭谛和道谛,说明了还灭缘起的因果关系。

灭,是灭除轮回痛苦,达到涅槃的终极目标。涅槃的本意是风的吹散、火的熄灭,是消除一切痛苦,得到身心大自在的自由境界。

第九讲　真理与自由

道,就是学佛的方法、成佛的道路,实现三个转变:转识成智、转染成净、转凡成圣。从凡夫俗子的状态,转变到佛菩萨神圣的状态,要通过两个途径:在知识论上"转识成智",从有分别的识转到无分别的智;在道德价值论上"转染成净",把污染的心灵转化为清净的心灵。我们通过这两个转变,达到生命的"转凡成圣"。

这三个转变不是一蹴而成的。在成佛的道路上,一共有五十二个菩萨行阶位。从最初的凡夫十信位,经历十住、十行、十回向的三十贤人位,到十地位的初地,才优入圣域,直到最高第五十二妙觉位,才究竟成佛。转凡成圣的生命提升,经历了从凡夫、贤人到圣人乃至极圣位的层层升进。那么,我们以什么标准来判断生命价值的提升呢?依对真理认识的深浅,决定了生命上升的高度。故《金刚经》说:"一切贤圣皆以无为法而有差别。"无为法,是终极的真理之境,对真理认识有多深,生命上升就有多高。

二、菩萨之行

菩萨之行,包括断惑证真的戒定慧修行及菩萨度众的社会实践。前面说过,菩萨修行有五十二个阶位。第一层次是凡夫的十信位,首先要发心,树立坚定学佛的信念。菩萨所发初心,即"阿耨多罗三藐三菩提",汉译为无上正等正觉,即成佛之心。佛的本义是觉悟,以此区别于凡夫处于痴迷的"不觉"状态。正觉,唯有佛教的正法才能掌握真理,达到觉悟,以此区别于一切外道的"邪觉"。等正觉,大乘菩萨不仅要自己觉悟,还要使众生都跟自己一样获得平等的觉悟,以此区别于小乘追求个体觉悟的"偏觉"。无上正等正觉,菩萨在尚未达到最高妙觉位时,对真理的把握还是有欠缺的,相当于初七、初八或十三、十四的月亮,以此区别于菩萨的"缺觉",而佛是圆满的觉悟,故称"圆觉"。

佛教最重发心,故说"初发心即等正觉"。当以成佛作为终极目标,发心走菩萨道路时,我们即在终极理体上跟佛一体不二了。但理上的一致,要靠事上的践履来实现。发心是始,得等正觉是终;不忘初心,方得终始。佛教是以终为始,以终极目标作为发心的起点,贯穿在菩萨道的过程之中。菩萨的初心是发心成佛,要贯彻终始;菩萨的使命是上求菩提、下化众生;菩萨的实践是在悲智双运中砥砺前行。

在诸行无常的生灭世间,我们要追求寂灭为乐的出世理想,达到涅槃的宗教目标。要达到这个目标,需要对真理的把握和践行,那就是以般若为导的菩萨道六度万行。从此岸驶向彼岸的航船需要罗盘,般若智慧就是把握方向的罗盘,指导我

第九讲 真理与自由

们走向涅槃的彼岸。在一切学佛的方法里,最重要的是般若智慧。

般若是超越一切世俗智慧,证得终极真理实相的大智慧。般若是贯通世间法和出世间法,超越分别对待,圆融无碍的智慧,故有文字、观照、实相三个层次。一是文字般若,用世间共许的语言文字和逻辑方式,推广传播的佛教智慧。有了这种智慧已经很了不起,所以有人讲,自从读佛经后,不读人间糟粕书。二是观照般若,超越语言文字的局限,在禅观状态中的无分别智慧,即《心经》所说的"行深般若波罗蜜多时",这个"行深"指的就是观照。三是实相般若,对终极真理最究竟、最全面的把握。实相非语言文字所能掌握。只有在观照般若无分别智慧的照察下,我们才能完整地、全面地把握宇宙人生的终极真理。

般若波罗蜜多,是离苦得乐的超越智慧。按照玄奘法师弟子窥基的说法,实相般若就是真理,观照般若就是真慧,文字般若就是真教。由听闻真实的教义,获得闻慧和思慧;进而思虑抉择,上升到无分别的修慧,即真实的智慧;由真慧而证得终极的真理。波罗蜜多,就是达到究竟圆满的终极境界。证得终极真理,我们的生命就得到自在,摆脱了轮回的控制。

佛教的缘起论,不仅揭示了每一个生命在过去、现在、未来三世中流转的轨迹,更揭示了走向还灭解脱的规律,用智慧来转变无明状态,达到究竟涅槃。流转缘起揭示了现实世界生灭无常的因果关系,解决了我从哪里来的问题;还灭缘起则阐明解脱轮回达到理想境界的途径,解决了我们到哪里去的问题。

缘起论告诉我们,每一个个体都不是孤立的,个体跟其他众生构成了命运共同体。人类命运共同体的思想内核,即共业和别业的辩证关系。个体活动及其所造后果的别业,和群体生命的共业相依相成,构成了当下生活世界的共业体。佛教的慈悲观念,不仅仅是爱的情感的放大,也来自深观缘起的理性抉择。

佛教将道德上的价值论引入世界起源论,认为世间的清净污秽悉依有情的共业所成。生活世界的走向是继续这五浊恶世,还是建成清净的净土,都取决于众生自己。佛教思想对共建人类文明共同体的贡献,提供了智慧和慈悲的核心内涵,从愚痴走向智慧,走向人间净土的理想境界。

我们要了解世界缘起性空的真理,光知道放下还不够,还要拿得起,不能只停留在追求个人的解脱。大乘菩萨的精神,是要在度尽一切众生的菩萨道实践中最终解放自己。如果我们要以出世的精神做入世的事业,度众生而不被众生所度,常在河边走,就是不湿鞋,那就一定要掌握方法。真俗不二的方法论,把解脱成佛的理想目标,落实在当下的实践过程之中。

这样,学佛成佛就不是一个遥不可及的目标,而是落实在我们脚下的过程之中。

三、自由之果

"真实理、平常心、自由分"这三个关键词,从南泉普愿禅师的三句名言提炼而成:"须向那边会了,却来这里行履,始得自由分"。那边会了,领悟真理之境;这里行履,在世间修菩萨之行;得自由分,证得解脱之果。佛教哲学对生命意义的启迪,在于打破妄心的拘限,使心无罣碍,通达生命和世界的实相,从而在生活世界中,"自透本来底,方得自由"。

我们在走向自由的过程中,要掌握三个根本概念:涅槃、菩提、般若。涅槃,是终极自由的境界;菩提,是觉悟的智慧,无上正等正觉,即究竟菩提,为证得涅槃的因;般若,是行动中的智慧。般若与菩提都是智慧,两者的区别在于:般若是因上的智慧,菩提则是果上的智慧。菩提对涅槃而言,是因;对般若而言,是果。修得多少般若,就证得多少层次的菩提。一切贤圣皆以无为法而有差别,体现在证得菩提的高下深浅上,就有五菩提的阶段。

一是发心菩提,从生死的此岸发心学佛,通过般若引导的大船达到解脱的彼岸。二是伏心菩提,行驶在茫茫大海中,不断降伏患得患失的散乱心理。这两个阶段,都处在凡夫的层面。三是明心菩提,经过发心菩提、伏心菩提,跨越大海的凡圣中际线,进入明心菩提。明心见性,用什么去明？用般若智慧清除烦恼,生命就发生了质的转变,从凡夫转变为圣位。提高思想觉悟,是不断清除精神污染的过程。四是出到菩提,如果说明心菩提的觉悟,相当于初七、初八的月亮,那么出到菩提,则相当于十三、十四的月亮。五是究竟菩提,不断积累智慧,到最后连"我在行菩萨道"这个念头都彻底消除,以心无所得故,无有罣碍,扫除一切烦恼障碍,就远离颠倒梦想,达到究竟涅槃。

究竟菩提,即证得彻底的自由。"自由分"之分,有名分、分际之义,更有因由之义。证得彻底自由的生命是法身,指佛对绝对境界所内证而得的真如理体。法身由五大因素构成,称五分法身,即戒、定、慧、解脱、解脱知见。自由不是凭空产生的,而是来自戒定慧的修行,来自对真理的把握和实现。所以,自由就在认识真理和践行真理的过程之中。

以平常心践行真理,就是获得自由的过程。我们在纵向的上求菩提、横向的下化众生、净佛国土的菩萨道实践中,成就自己,服务大众。于是,途中即家舍,家舍即途中。家舍,是精神的归宿究竟涅槃；途中,是行菩萨道的过程。不忘初心、方得终

第九讲 真理与自由

始,遥远的目标就在当下的菩萨道过程之中。

南泉普愿禅师的三句名言,彰显了佛学的知行脉络。"所以那边会了",通达实相、量周法界,透脱终极真理,达到究竟解脱。"却来这里行履",依真理之体而起用,不离世间,菩萨行于非道,是为通达佛道。"始得自由分",无住离相,心无挂碍,超越心物主客分别,无系无缚。

大乘真俗二谛论的方法,为菩萨道实践提供理论依据。"须向那边会了",即禅宗所说的冥通终极实相;"却来这里行履",则开拓了面向社会现实的道德实践。经佛教智慧的洗涤,世上一切事业皆是行菩萨道。故《维摩经·菩萨行品》说,菩萨要以佛光明、诸菩萨、佛所化人、菩提树、佛衣服卧具饭食、园林台观、三十二相八十随形好佛身、虚空梦幻影响镜中像水中月热时焰、音声语言文字等等而做佛事。

佛教的空性智慧,好比电脑的格式化,建立在空性系统上,世上的衣食住行,各种语言文字、音声形象等等,统统可以用来做佛事。在般若智慧引导下,职场就不再是战场,它成了我们修道的道场。

活在当下,不再是苟且,当下就是诗和远方。我们把握真理,在生活世界中达到自由的境界。这种境界,有禅师概括为"万古长空,一朝风月"。万古长空就是永恒的真理,它就体现在当下的一朝风月中。净慧长老在湖北黄梅老祖寺天王殿所

撰楹联,形象地概括了《心经》的精神:

> 色即是空,无我无人无挂碍;空即是色,有山有水有楼台。

大乘菩萨道,并不是让我们逃避这个世界。自由,就体现在滚滚红尘中砥砺前行。

---

* 本文原讲于复旦大学管理学院"君子知道"大讲堂(2020年11月20日)。收入本书时,有适当删减。

第十讲　上帝·天命·实相

——三教融会背景下的栖霞论道

看到台下坐着方广锠教授,就想起1999年2月初,我拜访中国社会科学院世界宗教研究所,与佛教研究中心杨曾文和方广锠两位主任商谈后,当场决定发起中国佛教信息网会议。在方教授他们的鼎力操办下,我们联合世界宗教研究所、中国佛教文化研究所、北京大学、清华大学和复旦大学的学者,于当月在北京开了一天关于中国佛教信息网建设的研讨会。这次会议得到中国佛教协会赵朴初会长的支持。

我于会议结束后的次日到北京医院拜访赵朴初会长,向他汇报会议经过。我说要发起一个万元藏经楼运动,赵朴老说哪有这么便宜?我说用1万块钱买台电脑和打印机,至于大藏经可以免费从互联网下载。赵朴老很谦虚地问,互联网是怎么回事?我说互联网也叫因特网,相当于佛教所讲的因陀罗网。他一下就听懂了,拊掌大笑讲出8个字:"千灯互照、光光交彻。"那次跟赵朴老见面,我们形成这样一个共识:从因特网到因陀罗网。随顺这个千载难遇的时节因缘,大藏经从此不再束之高阁，也不是少数人的专利了。这一点在今天早已实现了。

第二天，我们去见一位做IT的企业家安虎生，他发愿要用公司每年10％的利润支持佛教信息网的建设。老安对"从因特网到因陀罗网"这句话很有共鸣，问有没有下一句，作为企业文化的标志。因为，光有知识和经济远远不够，必须要有善的价值指引。这就产生了下一句："从知识经济到善知识经济"。善靠谁去引领？这就必须重视源远流长的人类文明结晶——宗教。

善知识是良师益友的意思，在佛教里有三层含义：第一是教授善知识，帮助我们认识真理、践行真理的高僧大德；第二是同行善知识，志同道合的同参道友；第三类是外护善知识，范围更加广泛，只要在政治、经济、财力、劳务上，能对佛法的弘扬提供帮助、支持而不捣乱者，统统算外护善知识。这样的话，在善的目标下可以聚集最广大的人群。

今天我跟大家分享中国历史上一部发行量最大的善书《了凡四训》，既是家训，又是一部了不起的官箴。袁黄（袁了凡）是晚明一位中下层官员。

在今天的讲座中，我撷取书中最精彩的一段，即袁了凡在南京栖霞山中与云谷禅师的一番对话，提取其中"上帝、天命、实相"三个关键词，作为这场演讲的主题。所谓佛教中国化，不仅是在经济社会、政教关系和风土人情方面的调适，最主要的

第十讲 上帝·天命·实相

是在哲学底层逻辑上实现中国化。儒家思想的终极概念是天命、上帝(上帝这个术语本来就是中国先秦典籍里所具有的),如何跟佛教的终极真理(实相)汇通?这场山中论道影响非常深远,给我们提供了鲜活的案例。

上善园的"上善"一语,即至善。实现至高无上的善,达到生命的自由境界,关键在于对真理的把握,并落实在当下的善行中。行善做好人到底有没有好报?比如,老人摔倒在地上,如果扶起来还会缠上官司,那么我们走过路过不敢施以援手。这个问题就很严重了,导致今天社会的道德冷漠。所以,德福能否一致,不仅是一个重要的伦理学、宗教学课题,也是一个活生生的现实问题。我们要为每个人今后的安宁生活,共同去塑造一个文明的良善的环境。

讨论德福一致的视域,涉及生命的高度和广度。我们必须超越世俗社会的范围,以更高的理想愿景,作为对现实世界进行价值批判的根据,从而促进文明的不断发展和进步。

在晚明三教融合的大背景下,云谷法会作为禅宗的中兴之祖,在栖霞山中教化自命不凡的国子监贡生袁了凡,为晚明佛教的复兴和深入社会各阶层,起到了不可磨灭的贡献。云谷门下的憨山德清,是晚明四大高僧之首。他在《云谷先大师传》中,提及云谷驻锡栖霞山最深处的天开岩,住山清修,四十年如一日。每遇闻风前来参请者,无论贵贱僧俗,云谷必掷蒲团于地,令其端坐,返观其本来面目,甚至终日竟夜无一语。云谷临别必叮咛曰:"无空过日。"近代印光大师在《增广印光法师文钞·卷三·募修云谷禅师塔院序》中,特别强调云谷门下出了一僧一俗两位传人,"其得其传而融通儒释,使灵山泗水心法俱彰者,僧则憨山大师,俗则了凡袁公,为最显著之人也"。

灵山,印度灵鹫山,佛陀常在此山讲经说法;泗水,流经孔子出生地曲阜,为孔子游历讲学的区域;故以灵山、泗水作为佛陀和孔子思想的象征。云谷门下最著名的传人,能把孔、佛心法彰显于世的,在僧则为憨山德清,在俗则袁了凡。晚明以降,佛教界有个显著的特点,高僧大德对儒道经典的熟悉程度,丝毫不亚于儒生。我在复旦国学班讲述儒家的《大学》,即参考一些高僧大德对四书的注解,如晚明的憨山德清、蕅益智旭,近代的欧阳渐、梁漱溟和印顺法师等人著作。我发现他们对儒家典籍的理解,常能超越儒生的水平。因为他们站位法界视域,站得高才能看得远,故对世间事物有更通透的理解。

"心佛众生,三无差别",即于纵横的生命坐标,站在高维的法界视域。心,是我们修行者主体;佛,是智慧的纵向提升,见与佛齐;众生,是慈悲的横向拓展,量周法界。宗教信仰上的目标达成,跟哲学认识论上对真理认识的深度是同步的,即《金刚经》所说"一切贤圣皆以无为法而有差别"。无为法,就是实相真理。那么,是凡人还是三十贤人位,乃至优入圣域的登地菩萨,都取决于对无为真理的认识深度。

云谷禅师对袁了凡的接引和教诲,如同教科书一样精彩,*丝丝*入扣,鞭辟入里。这场影响深远的山中论道,提供了理解佛教中国化的生动场景,从儒家的世间善法,上升到佛教的业力因果论思想,然后再深入三轮体空的般若正观。我们要把世间法和出世间法整合到法界高度,使德福一致的难题得到终极性解决。

基于晚明三教融会的思想背景,我对这场山中论道的理解分四个方面。

一、善行的终极意义和进路

(一) 善的终极意义及实践路径

善的终极意义是什么,我们到底应如何行善?印光法师在《〈袁了凡四训〉铸板流通序》里,站在因果与心性不二的高度,提炼了《了凡四训》的理论价值和现实意义。

> 袁了凡诸恶莫作,众善奉行,命自我立,福自我求,俾造物不能独擅其权。受持功过格,凡举心动念,及所言所行,善恶纤悉皆记,以期善日增而恶日减。初则善恶参杂,

久则唯善无恶。故能转无福为有福,转不寿为长寿,转无子孙为多子孙。现生优入圣贤之域,报尽高登极乐之乡。行为世则,言为世法。①

"俾造物不能独擅其权"这句话非常精彩,凸显了中国文化对至善的独特表达。在中国传统哲学里,承认天地鬼神的临在。什么叫临在?天地鬼神就在现场,是活生生的存在,只是我们看不见摸不着而已。我们对视之不睹、听之不闻的神明,要心存敬畏。俗话讲"举头三尺有神明",就是相信天地鬼神是确确实实的存在。

中国文化承认天地鬼神的临在,但并没有产生超绝的一神教信仰。中国人敬畏天命,但并不陷入宿命论,而是强调修身以俟命。无论是儒家还是道家,都强调"祸福无门,唯人自召",都把对上帝和天命的敬畏,落实到"以德配天",使个体的德行与天命相配。超越的上帝和天命,就跟现实的人性产生关联,所以中国的宗教信仰就具有浓郁的人文主义色彩。有人说中国宗教是人文性的、伦理型的宗教。西方一神教强调超绝的神,而中国宗教更强调现实中的圣人。

这里,就有儒家孔孟之道的重大贡献。佛教传入中国后,把儒道两教的道德义理进一步深化,注入业力因果和缘起性空

---

① 印光:《增广印光法师文钞》,九州出版社2012年版,第319—321页。

的全新理论,阐释至善的终极意义和修道路径。佛教到了中国,为什么会得到朝野上下和知识界的追捧?就是佛教彻底解答了三个灵魂之问:你是谁?你从哪里来?你将到哪里去?儒家对人死后的归宿是语焉不详的,至多说人死为鬼,鬼者归也,归向大地。生命能不能获得永生?儒家是以"三不朽",把永生落实在社会影响和历史评价上。那么,佛教是怎么解答这三个灵魂之问的?

我是谁?我们是四大五蕴构成的一个暂时存在的现象。我从哪里来?我们从过去世的无明和今世的爱、取、有而来。顺观流转缘起,十二支因缘的三世两重因果,将起惑、造业、受苦的生死流转轨迹,解释得清清楚楚。我将到哪里去?逆观还灭缘起,用般若智慧转无明为明,超越轮回证得解脱,从无常的肉身转成永恒的法身。

佛教对生命问题的解释,是逻辑闭环,完全自洽的知行体系,一下子就打动了国人,所以才有大批知识分子介入对佛理的阐释和弘传,佛教才能在中国获得广泛的传播。透过生命和世界的现象,领悟到终极真理实相,升华生命最高价值法身,皆归结于众生的心性。

(二)从德福一致到福慧双修

作为明末禅宗中兴之祖,云谷禅师对袁了凡的接引和教诲,如同教科书般精彩。在云谷面前的袁了凡,是精通儒学的国子监贡生,出身于医卜俱通的家庭,有深厚的家学渊源,富有士大夫经世济民的抱负,还有相当不错的静坐功夫。但此时袁了凡正面临无法化解的生命困境。因为他少年时遇到一位来自云南的高人,这位高人将他一生命理都推排出来,何时能考上秀才,何时能进国子监当贡生。既然前半生都被算得这么准,那后半生也错不了:以贡生资格充任知县,当了三年多就得回家,命中无子,于53岁死在家中。所有的心结,都系于准确得近乎冷酷的命数。

命数、神通、鬼神这一类超自然现象,现在的科学还不能做出令人信服的解释,却是宗教必须面对并加以解释的事实。云谷并未否认命数的局部有效性,那位云南高人孔道人神奇的预测也并非信口开河,况且袁了凡家族也精通占测之术。因此,要解开袁了凡的心结,云谷就必须超越术数家僵硬呆滞的层次,用更高维的思想和方法,帮助他跳出命数的茧房。云谷娴熟引用儒家经典,借助于"阴阳推移""天命靡常""以德配天"这一类儒生耳熟能详的哲学概念,引入佛教的业力因果论来解释命数。

承认命数是为了转变命数,正视轮回是为了超越轮回。理论必须彻底通透,才能解开根深蒂固的心结。术数家所谓的命数,可以用佛教的业果来解释,这只能说明过去所造之业的生命轨迹。然而,业由心造,亦由心改,我们必须从造业的源头改恶迁善,才能转变未来的命运。云谷从德福能否一致入手,以禅语别解孟子,提出"内外双得"的命题,来证明德行与福报的统一性。行善积德,自然会受到人们尊重,获得精神道义上的尊严,同样也能获得身外的物质性福报。

《了凡四训》以八维辨善,首先辨善之真假。有一批儒生结伴拜谒中峰明本禅师,质疑德福一致的合理性:佛家讲善有善报、恶有恶报,但现实生活中好人往往没有善报,恶人却享受荣华富贵,认为佛家的业力因果说也是无稽之谈。袁了凡根据中峰明本语录,从三个层次辨析善的真假。林则徐认为中峰明本破世人"善有恶报"之谬见,乃是《了凡四训》全书最要紧、最精彩处。

因此,讨论德福一致的视域,涉及生命的高度和广度,必须从儒家的世间善法层次,上升到佛教法界的高度。在佛教的思想体系中,要从世俗谛的修福,深入第一义谛的修慧。福慧双修,才能使德福一致的难题得到终极解决。

二、引儒入佛,阐释立命之学

(一) 命数只拘缚凡夫俗子

袁了凡到栖霞山拜谒云谷,禅师照例掷蒲团于地,令其返观自己本来面目。袁了凡年轻时就有很深的静坐功夫,在禅堂端坐三昼夜不瞑目,心中不起杂念。云谷赞叹他的禅修功夫。袁了凡向禅师坦言,自己一生早被孔道人算定,以往所推测的运程都已应验,既然荣辱得失乃至生死大事一切都有定数,纵有意图改变的想法,也无力改变命运的安排。袁了凡知道妄想无益,故心如止水,澄寂无念。

正如庄子所说,哀莫大于心死。对袁了凡这种"躺平"心态,云谷禅师大笑:"看你禅修功夫如此了得,我还以为你是豪杰,原来也就是匹夫一枚!"袁了凡问其故,禅师说:"人未能无心,终为阴阳所缚,安得无数?但惟凡人有数。"鲁迅在《捣鬼心传》杂文里说:"捣鬼有术,也有效,然而有限,所以以此成大事者,古来无有。"借用鲁迅这一段名言,我们来看算命看相这一类方术。该类方术虽然有自成体系的理论和方法,事实上也确有效用,然而适用范围毕竟有限。无论是个人的立身处世,还是庙堂上的治国理政,绝不能靠那些雕虫小技,否则就有亡国亡身的惨祸。

袁了凡被禅师当头棒喝,撼动了宿命论的定见。他问禅师:"我能否从命数的困缚中挣脱出来?"云谷禅师引述儒家和佛教的经典,斩钉截铁地断言"命由我作,福自己求",即命运由自己掌握,幸福靠自己争取,这是确定不移的真理。将命数看作一成不变的宿命,只能拘缚愚昧的凡夫俗子。要掌握自己的命运,我们就必须跳出命理学的窠臼,引入更加高维的思想理论。云谷借用阴阳这一儒道家用语,以说明佛教业力因果的原理。

(二) 以业力因果解析命数

1. 业是生命流转的动力

"人未能无心,终为阴阳所缚。"这个"心",指人心中的分别妄念。阴阳,在此指造作善业或者恶业。那么,按照因果律的法则,起惑、造业、受报,因造种种善恶之业,承受苦报或者乐报,从而在世间的三界六道中生死流转。

佛教把世界和生命的演化动力,归结为众生的行为,即"业"。业是生命基于意志的有意识行为,并由此行为带来相应的后果。业以思为体。"思",指思心所,指决定并发动身口行为的意志。人的精神有知、情、意三方面,业是由意志所推动的,故佛教的业报理论强调动机,从行为追溯到起心动念的源头。中山先生讲过,宗教可以弥补法律和道德的不足。因为法律只管已经发生的事情。根据你讲出的话、做下的事,法律才能来评判。至于人们脑子里在想什么,法律管不了,但宗教可以管,从源头根绝做坏事的心念。

从宇宙万有的生灭变化,一直到生命主体的境遇,是苦还是乐,是处于顺缘还是违缘,统统贯穿着因果规律,罪福响应,如影随形。业力因果律是佛教人生观的基石,是佛教进行社会伦理教化的出发点。

2. 业是复杂的关系网络

佛教所讲的因缘果报,并不是机械的、单向度的线性关系,而是由极其复杂的条件所形成的关系网络。华严宗以十玄门描述无尽缘起,其中因陀罗网境界门,即前面赵朴老所说的"千灯互照,光光交彻"。这个世界上的任何事物,都是由无数条件相互影响所形成的结果。

业力有善的或恶的道德属性。按照因果律的法则,人就要承担相应的苦或者乐的果报。那么这个果报,就包括生命主体的正报和所依存的环境依报。有什么样的正报,就有相应的自然环境和社会环境,这就叫依报。依报随正报而转,具有相应的精神性因素和物质性因素。按照因果论法则,基于心源的修行,不但能得到道德仁义上的尊严,也有益于改善命运处境。

有人讲不对呀,我们现在看到的社会众生相,往往是做好事没有好报,恶人还享受荣华富贵。少安毋躁,我们眼光要放长远,佛教讲的果报贯通三世。在时间维度上,因果遍于过去、现在、未来三世,因果响应,如环无端。果报在这一世实现,叫现生受报,即现世报。下一世因缘成熟而受报,叫次生受报。经过无数世之后,果报的条件才成熟,那叫后生受报。所以佛教有句名言,"假使经百劫,所作业不亡,因缘会遇时,果报还自受"。佛教的业报理论,要放在无限的时间向度中来审视。三时受报的法则,确立了因果报应的公平性原则。

第十讲 上帝·天命·实相

从空间维度上看,众生是处在交互活动中的存在。人类社会、天界和地狱等生命体,皆处于别业与共业的因果网络中。每个人所造的业叫别业,故我们要对自己的行为承担责任。无数个体的别业,则形成共业,从最小的家庭共业圈,由近及远一直到法界众生。俗话说,"夫妻本是同林鸟",共命者,即共业。全世界有80亿人口,为什么张三不找,李四不找,偏偏找上你家那一口子,一定是有很深的爱恨情缘。父子关系也是如此,要么是来报恩的,要么是来讨债的。家风是一个家庭的共业,放大到一个企业、一个学校、一个宗教团体,那么他们的企业品牌、学风和道风,就是各自的共业。

我们要构建人类命运共同体,就是深刻认识到共业是由每个人、每个地区、每个国家的别业构成的。所以,每一个体向善的别业,对扭转、改善人类的共业是可以起到积极作用的。菩萨为什么要普度众生?因为菩萨不度众生,改变不了与众生同处的共业,他自己也不能最终成道。菩萨的慈悲精神,不仅仅是情感的放大,也是理性的抉择。所以,我们现在所处的世界,就是共业与别业相互关联、休戚与共的命运共同体。

在这样一个错综复杂的命运共同体中,因果报应的法则如何得到落实?在人类社会中,执行赏善罚恶功能的底线是法律,在法律之上是道德约束和舆论监督。如《大学》所说:"十目所视,十手所指,其严乎!"法律、道德、舆论,都在执行因果报应的公平性原则。以佛教的世界观推而广之,这个世界不是只有人道和畜生道,人类之上还有天道、阿修罗道,人类之下还有饿鬼道和地狱道,从天界到地狱的六道众生,同处在共业的因果网络之中。我们纵然可以欺瞒人,但欺瞒不了鬼神。更何况在世间众生之上,还有出世间的四圣——声闻、缘觉、菩萨、佛,跟我们世间凡夫存在着宗教救度意义上的感应关系。因此,我们讨论佛教业力因果的道理,就要置于十法界众生的视域,我们皆同处于法界命运共同体中。

3. 以主观能动性破定数

所谓"凡人有数",即命数只对凡人有效。命数,就是命理学所讲的命运、气数,实指凡人被既往的业力所牵引,而于现世承受相应的果报。我们若局限于凡俗之见,把命数看成一成不变的定命,不思进取,就被命数锁定,听凭无始以来无明业力的惯性推动,这就陷入消极无奈的宿命论。所以命数只能拘缚凡夫俗子。

虽说定业顽固,我们难以在短期内改变复杂顽固的共业环境,但在因果关系中,起能动作用的是心。一切造业行为,都由心念所发动。佛经特别强调,因缘果报不是一成不变的,有两种极重的善业或者恶业首先发生作用,而得现法果。

我举个例子,明朝有一位大官,到寺院见高僧白隐禅师。他说佛教思想精深博大,我很钦佩,但不能理解天堂地狱、六道

第十讲 上帝·天命·实相

轮回,俗话说耳闻为虚、眼见为实,大师你能不能把天堂地狱变出来给我看看,我就相信了。这就像现代人要看特异功能大师表演一样。其实,不懂佛教的基本原理,受耳目局限,眼见的未必是真实的。禅师以不屑一顾的眼神看着那位大官:"就凭你这么一个蠢东西,也配来问如此高深的问题!"大官气坏了,拔出佩剑在大殿里追杀。禅师一边轻移莲步,一边笑眯眯地说:"你不是要看天堂地狱吗?此时此刻,你已经身陷地狱啦!"这位古代官员的水平比较高,一听就明白了,马上跪下来忏悔。因为犯下五种重罪,人活着就下地狱。哪五种重罪呢?弑父弑母,破坏佛法僧三宝。你现在跑到庙里追杀和尚,在佛殿里撒野,你不下地狱谁下地狱!

就在他忏悔时,大师对官员说:"此时此刻,天堂大门为你敞开!"诸位,不是说他跪下来忏悔,就能上天堂了,哪有这么容易?生命存在是一系列选择的结果,选择作恶,那就朝向地狱狂奔,选择行善,那就走向天堂。而且天堂并非终点,在十法界众生中只是一个中间环节而已。在五乘佛法的判教里,人乘、天乘,是世间安乐道,依然是凡夫,还在三界之内。声闻乘、缘觉乘、菩萨乘,是三乘解脱道,追求超越世间的涅槃解脱。最高的是大乘菩提道,菩萨不仅追求自己的解脱,还要带领广大众生一起解脱。所以,生命是层层向上的升华,取决于我们意志的选择。

由此可见,所谓的定数,只存在于凡夫的世俗生活中。对佛教来讲,命运是由人的自主行为决定的,故必须进行转凡成圣的修道。

4. 以法界整合世出世间

刚才是从时间和空间维度上,分析了业力因果论的基本概念。现在从生命价值上,指出在更广阔的法界视域,善包含了世俗的世间善行和神圣的出世间修行。

在世间善层面,佛教顺应众生追求幸福的凡情,对于行持世间善法的众生,亦做出获得现实幸福的承诺。求富贵得富贵,求长寿得长寿,求子女得子女。福报跟善行是相对应的,必须满足行善积德的准入条件。佛教所说的世间福报,比起儒家具有更广阔的时空范围,在时间上贯通三世,在空间上通达天道。佛教不仅要追求现世幸福,还要追求来世幸福,乃至到天上享福。

佛教进而指出:福报包含世间福和出世间福,有不断提升和拓宽的神圣向度,这就指明了生命发展的动力和走向。佛教的终极目标是解脱轮回,证得涅槃,远远超过了儒家和道家思想。所以,佛教不仅要珍惜并培植世间的福报,更要追求出世的解脱,而且要以大乘救度一切众生作为最高理想。

东方文化是以终为始,"不忘初心,方得终始"。对佛教来讲,初心就是成佛之心,一切善男子善女人,发阿耨多罗三藐三菩提心,获得跟佛一样的无上正等正觉。成佛是终,发心是始,终极目标就落实在当下的发心和行菩萨道的过程之中。这一切的理想目标,都要从因地上入手改造命运,务必要努力培植福德,开展新的生命。

发大乘成佛之心,此心就置于法界的宏大视域。凡夫的视野局限于世间,凡夫的心善恶染净参半,因善恶行为的果报而处在六道中的某一道。小乘的视野是清净的出世间,跳出六道轮回而得涅槃解脱。佛菩萨面对的宇宙视域,称作法界,包含世间六凡和出世间四圣。无论是追求凡俗的平安喜乐,还是超越三界的出世解脱,乃至以出世精神修入世济度的菩萨道,因果律都发生作用。

三、立志塑造义理再生之身

(一) 肉身与法身

用业力因果论解析命数的来龙去脉,破解凡夫对命数的迷思,具有降维打击的效用。袁了凡解开了困惑前半生的心结,遂在佛像前忏悔,发愿终身行善积德,以期改善命运。

云谷大师对袁了凡的教诲是由浅入深,循循善诱,首先是在世俗谛层次,借用儒道术语阐述业力因果论思想,然后进入第一义谛,开导般若性空的实相真理,并语重心长地告诫:

> 从前种种,譬如昨日死;从后种种,譬如今日生。此义理再生之身也。夫血肉之身,尚然有数;义理之身,岂不能格天!(《了凡四训·立命之学》)

血肉之身,指凡夫的色身,父母所生的血肉之身,由烦恼和造业而来。由于不了知因果和空性的真理,生生世世受无明支配,造作罪业,承受具有痛苦和缺憾的生命状态,在六道中生死轮回。义理再生之身,是与真理相应而再造的生命,即佛教所说的法身慧命。父母所生的血肉之身,尚且承载着奖善罚恶的天道法则,这个义理再生之身,以至诚之心,岂不能感格上天!

格,就是感通、感应上天。格天,在儒家语境中,指人以自身的善行感通上天;在佛教,则指修道者与佛菩萨的感应道交。感,是凡夫众生自下而上地去呼唤、祈求佛菩萨加持;应,是佛菩萨自上而下地来应许众生。故在信仰上,就形成了上下贯通的感应关系。

在佛教哲学中,转变凡俗境界,使生命境界从凡夫的色身提升到法身,是与对实相真理的认识深化相应的过程。所以,大乘菩萨道是福慧双修的过程。修福,不断地行善积德;修慧,就是认识空性真理,以通达实相为究竟。

(二) 天命与实相

"义理之身,岂不能格天!"这个天,在中国文化里至少有自

第十讲 上帝·天命·实相

然、命运、主宰和义理四层含义。我们如果孤取其中某一层,都会曲解天的本义。比如孔子所说的"天何言哉?四时行焉、百物生焉",都有着天道自身的规律。我们如果光抓住自然之天,就会像王充一样,走向机械唯物主义。天行有常,冥冥之中有着不可抗拒的规律,如果我们孤取命运之天,则陷入宿命论。刚才讲到天地鬼神的临在感,接受人类的祭祀祈祷,并发挥赏善罚恶作用的,这是主宰之天。敬畏天命,但不唯宿命论;崇拜上帝,但并没有发展出一神教的至上神,关键在于儒家重点发挥天的第四层含义——义理之天。

义理之身,这是生命主体希贤希圣的升华,并由义理身而接上佛教的法身。知识分子以贤人为榜样,贤人以圣人为榜样,圣人的价值来源则是天道。格天,生命主体以至诚之心感通天理。由儒家的天理,无缝衔接到佛教的实相。中国思想界能接受外来的印度佛教,并发展为独擅胜场的大乘佛学,就是在终极真理层面,把儒家的义理之天跟佛家的实相会通。在包含天之自然、命运、主宰这前三层含义的基础上,儒家突出了仁义道德的人文价值,发展出独特的义理之天。在孔孟著作中,对儒家典籍里所称的天理、天道、天命,多诠释为具有人文精神的义理之天。义理贯通了天人关系,形成中国文化以人为本、以天为则的特征,与佛教缘起性空的实相之理非常相应。

云谷禅师教化的对象,既然是在国立太学读书的儒生,所以他尽量运用儒家经典的术语，以阐发佛教的义理。他首先引《尚书·太甲》的两句名言："天作孽，犹可违；自作孽，不可活。"太甲是商朝一位贤君，早年因失德而被贤相伊尹放逐，三年以后改过，再把他请回来重新执政。这是他被迎请回来以后的悔悟之言，痛感过去自作之孽远胜于天灾。天作孽的本意，是指上天所加的罪孽，以业力因果论解释的话，指既往所造恶业在今世所承受的苦报，这也相当于命理学所说的命数。自作孽，则指现在新造恶业所受的果报。

其次，云谷引《诗经·大雅·文王之什》："永言配命，自求多福。"诗的本意，指必须以殷商的亡国教训作为借鉴，牢记保持天命的不易，应广修德行，行仁政爱民，才能永远跟天命相配。云谷引证以上《诗》《书》，说明袁了凡不登科第、生不出儿子等命数，都是过往德行不修而受的果报。故云谷激励他力行以德配命的君子之道。从今往后，袁了凡要扩充德行，力行善事，多积阴德。只有自己所做的福德，才能真正拥有并安享此福报。

（三）因果与心性

2006年夏，首届世界佛教论坛在杭州举行。当年3月在北京开会讨论论坛主题，经过一天讨论，主题被定为"和谐世界，从心开始"，并辅以三条可供操作的实践路径：心净国土净，心安众生安，心平天下平。这个主题，我认为具有哲学革命

第十讲 上帝·天命·实相

的划时代意义。

云谷禅师通过对肉身与法身、天命与实相这些范畴的诠释，运用更加高维的法界视角和般若不二的方法论，从儒家的义理之身升华到佛教的法身慧命，从儒家的格天途径深入佛教的终极真理实相。现在，我们都要归结到境智不二的心性。

> 《易》为君子谋，趋吉避凶。若言天命有常，吉何可趋、凶何可避？开章第一义便说："积善之家，必有余庆。"汝信得及否？（《了凡四训·立命之学》）

因果报应的事实，在儒家和道教的典籍里都有记载，皆谈趋吉避凶的道理。但只有佛教，深刻地揭示了因果轮回的事实真相。积善、积不善，这是造业之因。所造善业，本人和子孙后代都有善报，福荫子孙的，称作余庆；所造恶业，本人和子孙后代都会遭殃，祸及子孙的，称作余殃。

但是，既然有余庆和余殃，应该还有本庆和本殃。所谓本庆本殃，即造业主体的果报。佛教因果论的关键，是自作自受。我 1982 年读研的时候，1 个房间住 4 个人，其中有 2 位是数学系同学。当时有句名言："学好数理化，走遍天下也不怕。"理科同学看我们学哲学的，就像看卖膏药的一样。有位数学系研究生问我，这个佛教难道也需要研究吗？我摆开架势，正要告诉他，佛教不仅仅是烧香拜佛。他说没时间听长篇大论，让我用5分钟讲讲什么叫佛教。我说那要不了5分钟,4个字够了。哪4个字?自作自受。什么意思?我给他们讲了整整一下午。

按照因果理论,每个人所造的业,只能是自己承担果报。但因缘果报不是点对点的线性关系,而是具有复杂的网络关系。有主要原因,即自身造业的起心动念。还有辅助原因,其中最广泛发挥作用的叫增上缘。比如,一颗种子是因缘,那么阳光、土地、肥料等,就是增上缘,帮助种子发芽、开花、结果。增上缘中,又有顺缘和逆缘,它会影响到种子的成长还是毁灭。夫妻、父子、祖孙等家庭关系,就是由诸多因缘形成的共业圈,不是一家人,不进一家门。基于别业与共业的相互关系,本人所造的业,一人做事一人当,承担果报的是本人,但这个业果会对家族成员产生影响,起到增上缘作用。

至于儒道两家的果报理论,被称作家族承负论。按道教《太上感应篇》说法,人所做下的任何坏事,举头三尺的神明,包括身体里面的三尸神,都会进行全方位的监控。根据其过大小,少者夺算,扣100天寿命,大者夺纪,扣12年寿命。如果罪恶深重,扣光本命的纪算还不足以偿罪,就父债子还,祸延子孙。

佛教的业力因果论,与儒道的承负论有相当大的区别,但在传到中国之后,亦有与承负论合流的倾向。《了凡四训》中常引用《易传》中积善余庆的说法，并列举古今大量案例，说明书中所论的业力因果论，掺杂有比较浓厚的承负论影响。

从"一切福田，不离方寸；从心而觅，感无不通"，到谈论肉身与法身、天命与实相，最后悉皆归结到心性。故印光法师引梦东彻悟禅师一段名言："善谈心性者，必不弃离于因果，而深信因果者，终必大明夫心性。"(《〈袁了凡四训〉铸板流通序》)从因果的事理，必然要引到更深的心性论。

四、命自我立不落凡夫窠臼

(一) 无思无虑，入不二门

袁了凡在云谷禅师那里，还获得三项实修的传授。一是得天台止观传授，他在宝坻知县任上印行《静坐要诀》，保定知府读后尊称他为师。二是功过格，在当时各类功过格里，《了凡四训》把法条、法理、案例糅成一体，形成事理兼备的完整体系。三是准提咒，在他所著的《祈嗣真诠》里记载有准提咒的修法。几十年如一日修持功过格，重在修福；修持止观和准提咒，重在修慧。

云谷引述《孟子》立命之学，教诲袁了凡修持准提咒的方法："凡祈天立命，都要从无思无虑处感格。孟子论立命之学，而曰夭寿不贰。"这个无思无虑的境界,就是禅宗所说的无念,于万缘放下,一尘不起,心如止水,意若明镜,为善而不执着善,才能证入实相境界。

立命,出自《孟子·尽性上》:"夭寿不贰,修身以俟之,所以立命也。"君子并不因为现实中有夭寿祸福的区别,而改变道心,故修身养性在我,能否成功则坦然交付天命,此所以为立命之本。

"夫夭与寿,至贰者也。"在事上,确实存在着夭与寿的差别,而非有些论者解释为长命与短寿是没有区别的。但在理上,要升华到天道的视野,以求仁得仁的心态,克服凡夫对生死的恐惧。在孟子看来,立命就是立正命。所谓正命,就是顺天道而行。故孟子紧接着强调,"尽其道而死者,正命也。桎梏死者,非正命也"。

"当其不动念时,孰为夭,孰为寿?"云谷引孟子"夭寿不贰",则站在般若不二论的立场上加以诠释发挥。凡夫的世间知见,起分别心而造作诸业,从而产生在生死流转中的夭寿果报。佛教把这一期生命引入三世轮回,进而截断生死之流,证得解脱。故佛教的出世间知见,是超越凡夫的思量分别,以不二的无分别智慧,才能跟实相真理相应。佛教所立真正的命,是生命现前不生不灭的法身。由生死的根本问题,细分而展开如何解决丰歉、穷通、夭寿等一系列分别对立的问题。

第十讲 上帝·天命·实相

丰歉不二,然后可以立贫富之命。在生活世界中,我们要树立起面对贫富的正命。富者不骄,贫者不谄,既不因衣食丰足而目空一切,也不因生活艰辛而自暴自弃。如是,艰辛终将转变成丰足,丰足更能致长安久足。

穷通不二,然后可以立贵贱之命。因为社会是流动的,贵贱穷通不是一成不变的,所以我们要树立起面对贵贱的正命观,既不因颠沛困厄而怨天尤人,也不因飞黄腾达而穷奢极欲。如此,必能改造困厄而成通达顺利,使显达者更能福祚绵延。

生死夭寿、丰歉贫富、穷通贵贱等,都是在世俗谛层面上,以分别心而假立的相对事相。在真谛层面上,皆以不二的无分别智慧超越一切事相,不动念而回归真心,这是立不二的正命。

(二) 修身俟命,性修不二

前面所论"夭寿不贰",是在本体论意义上谈性相不二。现在,则从修道论角度谈性修不二。云谷引孟子"修身以俟命",不仅是儒家积德祈天之事,更指向佛教涅槃解脱的根本目标。佛教把生死引向三世因果,揭示了起惑、造业、受苦的生死流转轨迹,通过福慧双修以扭转生死轮回,达到解脱境界。这是一个漫长的修道过程,并不奢望在一期生命中得到解决。

我曾经给同学们讲,如果碰到那些装神弄鬼的大师,说在头上摩顶,给几粒来路不明的甘露丸,就能即身成佛,十有八九都是骗子。修,指因上努力。君子治恶积善,顺天道而行的修道,须历经三大阿僧祇劫的修行。俟,指果上随缘。修身养性在我,能否成功则坦然交付天命,以无所得的心态,但求耕耘,不计收获。现在坊间讲的什么"佛系",在因上怎么能佛系呢?至于果上,随缘可也。

(三)无念离相,了达实相

> 汝未能无心,但能持《准提咒》,无记无数,不令间断,持得纯熟,于持中不持,于不持中持。到得念头不动,则灵验矣。(《了凡四训·立命之学》)

这里所说的无心,指禅宗的无念法门。在《六祖坛经》里,六祖对无念有明确的阐释,指心不染著,与真如相应的正念。无,就是否定。"无者,无二相,无诸尘劳烦恼。"二相,是分别妄念,属所知障;尘劳烦恼,是烦恼障。我们只有去掉二障,才能跟真如相应。无念跟正念,是一对辩证的统一体。时时与真如相依的正念,就在无念的修行中实现。云谷借"先天之境",指称佛教的真如实相境界,在性修不二的修道中,具体行持无念法门。

我给党政干部讲课时,谈到提高思想觉悟、清除精神污染这类政治话术,其实来自佛教。佛教是追求觉悟的宗教,我们现在为什么没有觉悟?因为精神受到了污染,障蔽了本有的佛性。污染就叫烦恼,也叫作结。"世上本无事,庸人自扰之。"我们必须在不断清除精神污染的过程中,才能证得觉悟。大乘佛教不离开世间,不舍弃众生,在六根对境的当下,面对色声香味触法六尘所缘的生活世界,以智慧观照,虽有见闻觉知,不取、不舍、亦不染著。这"三不主义",是无念法门的精髓。不取,取指执取,即不执取世俗的风花雪月、名闻利养。不舍,舍指放弃,大乘佛法不舍弃世间众生。亦不染著,菩萨深入世俗社会广度众生,但不被世俗生活所污染,所谓"常在河边走,就是不湿鞋"。

从历史到现实,有多少佛门大师本来是要度众生的,但往往被众生所度了。所以,菩萨行者在不离世间的修道生活中,必须福慧双修。不舍弃世间众生,故须修福。不被世俗生活所染著,故须修慧。于内不起烦恼、妄想、邪见,于外不被六尘境相所缚。如果说传授功过格侧重于修福,那么传授准提咒就侧重于修慧,要达到无念的自由境界。

(四) 从此不落凡夫窠臼

这场山中论道,彻底改变袁了凡的三观。他原来号学海,现在改号了凡,立志开展全新的生命历程:

> 余初号学海,是日改号了凡;盖悟立命之说,而不欲落凡夫窠白也。(《了凡四训·立命之学》)

了,了断,明了,了结过去凡俗的人生。立命,革除有漏之命,再造义理之身。"从前种种,譬如昨日死;从后种种,譬如今日生。此义理再生之身也。"云谷禅师这一番话,具有振聋发聩的意义。我们虽然还处在滚滚红尘中,但思想已冲破牢笼,以法界视野观世,面对各种蠢货和匪夷所思的蠢事,从此不再彷徨,以通透的知见,获得心灵的自由。

袁了凡身处中国最富裕也是文明最发达的江浙地区,与王阳明及其门下弟子多有交往。心学就是实学,理须在事上践行。如何协调命数与业力、神灵与人间、庙堂与江湖、儒学与佛道、入世与出世、善行的动机与效果等关系,我们都需要有真俗不二的方法。对云谷与袁了凡这场山中论道,我们可做四点小结。

一是善恶果报是宇宙的必然法则,行善积德不仅是道义上的自觉要求,也会带来现实生活中的福报,是谓内外双得。云谷借用儒道以天地鬼神赏善罚恶的思想,只是借以说明佛教业力果报的一种"格义"式的方便说法。但是,在世间善法层面,佛教的三世因果论,已经远远超过儒道两家的福报承负说。

二是道教所信奉的天地鬼神,被佛教收编为"诸天",是有神力而没有神格的众生,跟我们凡夫一样,同样要接受业力因果律的支配。基于积善求福的因果报应思想,进而上升到大乘三轮体空的实相论,以更高维的法界观,整合世间善法和出世间修行。大乘菩萨道,是修福与修慧、慈悲与智慧的统一。

三是在实相的终极层面,会通儒家的义理之天。佛教强调,众生畏果,菩萨畏因。人的行为根源于心,故必须由心源入手,进行改过行善的德性生活。云谷禅师把孟子"修身以俟命"的说法,发挥为佛学无所得的精神:修,即因上努力,努力从事治恶积德的修行;俟,即果上随缘,但求耕耘,不问收获。

四是大乘佛教通过协调终极与世间二重真理的二谛论,解决了理想与现实的矛盾,为菩萨道实践提供理论依据。所谓"以俗谛故,不动真谛建立诸法;以真谛故,不坏假名而说实相"。

---

* 本文原讲于首届"云善文化讲坛"(2023年4月2日)。收入本书时,有适当删改。

第十一讲　须向那边会了，却来这边行履
——从永嘉玄觉到南怀瑾

"须向那边会了，却来这边行履"这个题目，是从南怀瑾先生多次引证的唐代禅师南泉普愿而来。南泉普愿姓王，当时人称王老师，他也自称王老师。今天，我就以他著名的三句话，把温州的两位大师，从永嘉玄觉到南怀瑾的知行进路串起来，从三个方面来讲。

一、生死与涅槃

（一）自由的实现途径

学佛要达到的究极目标是什么？就是为了得自由，获得生死自在。所以南公在他的禅学名著《禅海蠡测》中，论述了生脱死的佛法，必须落实在现实人生中。他引述了南泉普愿一段著名的语录：

> 所以那边会了，却来这边行履，始得自由分。今时学

人，多分出家，好处即认，恶处即不认，争得！所以菩萨行于非道，是为通达佛道。

好处，此指证道得解脱；恶处，就是依然要回到滚滚红尘。关于恶处，南泉紧接着引证了《维摩经》一段经文："菩萨行于非道，是为通达佛道。"非道，指非善道。就伦理道德上讲，善与恶在不同的生命层次上是相比较而言的。我们人道之上是天道，那么对天道众生来说，天道以下就是非道。对于小乘圣者来说，凡是在三界滚滚红尘里面沉浮的都是非道。但对于大乘菩萨来讲，菩萨道之下的就是非道。这里提出了一个非常重要的大乘观点，菩萨不仅仅是为了自己的解脱，而是要深入各界非道中，带动广大众生一起解脱，如此方能通达佛道，即"始得自由分"。

南泉这三句话里，核心目标是要获得自由分。这个"分"，有名分、分际之义，更有因由的含义，即达成自由的途径、获得自由的要素。比如"五分法身"，即构成法身的五种要素：戒、定、慧、解脱、解脱知见。从凡胎肉身修成法身，达到生命的完全自由。因此，自由在于人对真理即诸法实相的领悟。我们怎么才能认知真理？就体现在上求菩提、下化众生、庄严佛土的菩萨行过程之中。大乘菩萨道的实践，是自觉觉他、依正庄严的双向过程。作为生命主体的正报，在上求菩提，成就自己法

第十一讲 须向那边会了，却来这边行履

身慧命的同时，带动众生一起觉悟。在上求下化的过程中，正报也带动了依报世界的净化，把五浊恶世转成清净的佛土。

南公所引的南泉这三句名言，提纲挈领地抓住了大乘佛教思想的根本，勾勒出佛学教义体系"境、行、果"的基本架构。境，是认知的对象，就是真理之境。行，就是上求菩提、下化众生的菩萨之行。果，就是证得解脱的自由之果。

"境、行、果"三者，是一个有机的整体。自由之果，始终实现在菩萨道的过程之中。换言之，即便没有证得彻底解脱，我们在这滚滚红尘的修道中，要过一个超凡脱俗的生活。当年南公在青城山拜访他的老师袁焕仙，袁先生在闭关中不能说话，所以就通过纸条传递问答，这就是后来留传世上著名的"壬午问难"。其中一个问题是：我们在迈向归家的道路上，如何修行菩萨道？袁先生在回答中提出了两句重要的话，就是"途中即家舍，家舍即途中"。家舍就是解脱之果，是我们证道成佛的结果，是我们心灵终极的家园。途中就是修行菩萨道的过程。过程和终极目标是不能分离的，家舍始终在行菩萨道的过程之中。

（二）神圣与世俗

南公引证的南泉三句话，在《古尊宿语录·南泉》里分别出现在两段语录中。我的理解，可以从体用两方面去解读。我们学习佛法，要了解并掌握体用关系，做到契理契机。体，就是神

圣之体，要契合释迦牟尼佛所悟到的宇宙人生的终极真理。这个真理，也叫作证法。从体上通达实相，这就叫作"须向那边会了"。关于宇宙人生的终极真理，南泉做了一个非常形象深刻的描述：

> 如世界未成时，洞然空廓，无佛名，无众生名，始有少分相应。直向那边会了，却来这里行履，不证凡圣果位。

凡，就是世间众生；圣，就是证果的诸佛。就终极理体而言，凡夫与佛融合一体，无分无别。一切众生皆有佛性，这是从体上来谈。

下面一段语录侧重于从"用"上来谈，面向世间众生的世俗一面。所以菩萨要度化众生，"却来这边行履"：

> 只如弥勒又作凡夫，他炽然行六波罗密，他家触处去得，因什么便不许他？他不曾滞着凡圣，所以那边会了，却来者边行履，始得自由分。

弥勒菩萨是未来佛，他现在还没有成佛，依然处在凡俗的三界之中，在欲界天的第四层兜率天内院讲经说法。所以，弥勒菩萨跟广大凡夫众生一样，现在依然处在滚滚红尘的三界中。但弥勒又不是一般的凡夫，他行的是六波罗密的大乘菩萨道，以出世的精神做入世的事业。我们就是要以弥勒菩萨为榜样，在滚滚红尘中行菩萨道。

第十一讲 须向那边会了,却来这边行履

(三)极高明而道中庸

通过南泉普愿这两段语录,我们做一个简单的概括。

一是真实之理。整个佛教思想体系的神圣性根源,就源自释迦牟尼佛的证道。"所以那边会了",就是要悟到跟佛一样的能所俱泯、性相如如的真如大道。我们学佛,就是面向释迦牟尼佛所悟的终极真理,发愿修行证得法身。

二是菩萨之行。佛身怎么实现?佛身是三身一体的,法身、报身、化身,在转识成智的修行中成就佛身。"却来这边行履",依真理之体而起用。这里强调菩萨行于非道,是为通达佛道,经典出处来自《维摩经》,依然要回到这个红尘世界来实践菩萨道。《维摩经》里有一个非常重要的譬喻,"菩萨出淤泥而不染",莲花并不是长在高高的山顶上,它就在卑下的淤泥之中。我们要在这个滚滚红尘行菩萨道,同时自己不受污染。用句俗话来讲,"常在河边走,就是不湿鞋",这就需要有超绝的智慧。

三是自由之果。我们怎么才能始得自由分呢?就要学般若智慧的无住离相,心无挂碍,超越心物、主客、凡圣之间的分别,做到无系无缚的自由境界。禅宗六祖惠能的般若道三纲领,对这无系无缚的境界,讲得非常到位:"我此法门,从上以来,先立无念为宗、无相为体、无住为本。"

南公引述南泉这三句名言后,有一段非常重要的概括:"其

意亦极言入世之难。药山禅师所谓:'高高山顶立,深深海底行。'岂非皆教人要'极高明而道中庸'乎?"我们通常讲凡夫即佛、烦恼即菩提,这里存在一种对立而统一的辩证关系。你怎么来善巧处理这两个极端的对立物,又安处在法界实相体中,就需要有高明的中道智慧。

(四)生死事大,无常迅速

永嘉玄觉学佛证道的因缘与目的,可以他参谒禅宗六祖时一段对话得知。

他受六祖弟子玄策的激励,从温州千里迢迢赶到韶关曹溪山。他不拘一格,并未在谒见六祖时行礼如仪。针对六祖质问他不懂礼数,玄觉说:"生死事大,无常迅速。"这段话,概括了世间众生的生死流转之相。这个流转之相,用《金刚经》的话来讲,就是"一切有为法,如梦幻泡影"。世间生死无常,故学佛的目的,就是要掌握截断生死轮回的般若智慧。"体即无生,了本无速",即领悟超越生死、动静一如的实相之体。

南公始终强调学佛的目的是解脱,这基于他对人生苦迫性的否定和超越。他说人生中去掉一半的食睡时间、去掉无知的少年和老衰时间,真正能用于正事的时间也就是七八年而已。人刚刚想有所作为时老死来临,瓜熟蒂落又重新开始新的生命。按照南公的说法,文化的年轮以三十年为一代。我们为什么要学圣贤之言,因为很多人哪怕活到了八十岁,其文化的年

第十一讲 须向那边会了,却来这边行履

龄依然很幼稚,还达不到三十岁的普遍水平。所以,我们一定要借助这个有限的色身去追求那永恒的法身。

南公在1979年曾写过一首诗《记梦中与虚云老和尚答话》:"狮头山色梦依稀,携杖同登归净居。三界不安如火宅,留形我在岂多余。"抗战后期,在重庆南岸狮头山,他和虚云老和尚有过七日的相处。南先生曾跟我讲过这个事,当时抗战正处于最艰难的时期,而日本佛教界却举办大法会,为日本军国主义服务。1942年12月,国民政府主席林森发起"护国息灾大悲法会",迎请虚云禅师到重庆主法。南公说这是国家一个非常重要的转折点,中国佛教界此时就体现了爱国爱教的本色。法会之前,袁焕仙先生带南公从成都到重庆拜会虚云老和尚。"三界不安如火宅,留形我在岂多余",由此可见,南怀瑾先生始终是坚持佛教传统的修证道,把世间看作不安的火宅,而以出尘脱俗的第一义谛作为终极本原和理想。

(五)以涅槃三德为终极目标

南公当年在军校当教官时,读《永嘉禅宗集》,这是我们汉传佛教的佛法通论。他对这部书极为赞叹,特别是对书中关于成佛的三句话,认为是佛法最高的、彻底的中心,即"法身不痴即般若,般若无著即解脱,解脱寂灭即法身",这三句"三位一体,可以说如珠走盘,三句即一句,一句即三句,一念寂灭清净当下成佛"。"你们可当咒子来念,能够破一切魔法。"(《答青壮

年参禅者》)

南公经常讲,学佛最重要的有四部佛法通论。在印度有两部:龙树的《大智度论》和唯识学派的《瑜伽师地论》。我们汉地也有两部:天台宗智者大师的《摩诃止观》和永明延寿的《宗镜录》。但这些著作的部头都太大,最合适的本子就是永嘉玄觉的《永嘉禅宗集》,这是一部篇幅适中的佛法通论,而且比藏传佛教宗喀巴大师的《菩提道次第论》早了差不多一千年。

我2020年7月到南怀瑾书院来参加研讨会时,曾经提出一个问题:"佛教的经典在三大世界宗教中最多,可说是汗牛充栋,我们穷毕生之力未必能完全读尽,当然南公是完全通读的。世界三大宗教中最早成立的佛教,为何现在佛教徒仅占世界宗教人口的6%,如何克服教义传播方面的障碍?佛教教义体系中,是否存在类似基督教从教理问答到系统神学的进阶教材?"其实,对标基督教的系统神学,我们中国就有天台宗智者大师的《摩诃止观》,可说是汉传佛教最早的一部系统佛学。

近代太虚大师也试图做一部能够适应现代学术界,能够和中西思想平等对话的系统佛学,这就是《真现实论》,可惜他历时20年也没有写完。1928年他在南京围绕着《佛陀学纲》对当时的政治精英和学术精英们做了三天的演讲,已经呈现了他构思《真现实论》的基本框架。在演讲里面提到佛教最终的目标就是得自由,用法界无障碍的自由境界来指称学佛的最高理想。

这就是南公所举《永嘉禅宗集》中最核心的三句话,即涅槃三德。般若德就是得境智自由,"境"是认识到的真理,"智"是认识真理的主体智慧。解脱德就是业果自由。法身德就是获得完全自由。

温州这两位大师牢牢抓住了佛教的基本出发点:"生死事大、无常迅速",始终以证得涅槃三德作为学佛的目标。我接下来谈谈这两位大师怎么来处理佛教的基本思想和发展路径。

二、宗通与教通

(一) 禅教关系演变的三个阶段

禅宗称自己是宗门,即直达佛陀的悟境。至于禅宗之外的派别则称为教下,指通过经教而传播。关于宗门和教下之间的关系,大体上可以分成三个阶段。

一是"藉教悟宗",以菩提达摩为代表,借助经教来领悟佛陀的心地。

二是"教外别传",以六祖惠能为代表。

三是"教禅一致",以永嘉玄觉、圭峰宗密和永明延寿为代表。

教外别传,是除病而不除法,并不是完全脱离经教。所谓教外别传的"别",是指特别的传授,直达佛的心地,并非是在佛的经教之外另搞一套。在佛教史上,不管呈现出什么样的传播方式,"从宗出教"的路径始终是一致的,即以证法作为教法的神圣性源头,又以证悟作为修习教法的归宿。"教",是对证到的真理在世间的传播,故传播的方式可以改变,但万变不离其宗,真理是不变的。

学佛只有一个中心,即以觉悟成佛为终极目标。所以,佛教开佛知见的本怀和自我纠错的能力,决定了代有拨乱反正的大师出现。即使佛教在传播发展过程中出现了歧路和异化,产生了世俗化、庸俗化或者神秘主义、教条主义的倾向,也会有六祖惠能、永嘉玄觉这样的大师出现,按照契理契机的内在要求,引领佛教走向觉悟的道路。

(二)"一宿觉"的佛教史意义

永嘉玄觉在佛教史上,最早提出了禅教会通的理论与实践。玄觉和左溪玄朗同出于天台宗七祖慧威门下,精通天台止观法门,学大乘经论各有师承,因读《维摩经》而发明心地。玄觉后来受到禅宗六祖弟子玄策的激励,即玄策对玄觉说威音王以后,无师自证,形同天然外道——你虽然开悟,也必须得到明师印证。所以,玄策陪同玄觉,不远万里赶到广东,去找当时公认的大德印证。玄觉在与六祖惠能的机锋论辩中,得到了勘验和印证,留下了"一宿觉"的佳话。

永嘉玄觉在天台宗门下悟道,又得到了禅宗大师的印证。

第十一讲　须向那边会了，却来这边行履

那么，悟到的和印证的，是不是同一个真理？是不是说天台宗有天台宗的真理，禅宗有禅宗的真理？不是的。真理只能是一个，玄觉所悟和惠能所证的，都是释迦牟尼所觉悟到的真理。佛祖道同，三世诸佛和史上无数的祖师们，他们所学、所悟的都是同一个实相真理。作为天台宗传人的玄觉，能够得到禅宗六祖印证这一个事实，就雄辩地证明了佛法的真理是统一的。玄觉的历史性贡献，就是在中国佛教史上最早展开了禅教会通的理论建构和修证实践。

南公亦高度评价永嘉禅师，把天台宗与禅宗的精华加以综合，明确指出从凡夫到成佛，一定要修到"三身成就"，法身、报身、化身是一体的。所以南公提醒我们，光偏重禅宗是有流弊的，要同时参考天台宗的修持方法，以及密宗黄教宗喀巴大师所著的《菩提道次第广论》。他特别强调要学习永嘉禅师的《永嘉禅宗集》。（南怀瑾：《如何修证佛法》）

(三)《证道歌》与《永嘉集》

永嘉禅师在六祖那里证道后，依然回到温州弘法，流传在世上的主要著作是《证道歌》和《永嘉集》。《证道歌》是玄觉在曹溪证道的当晚所作，着重在开悟的境界。《永嘉集》是玄觉在温州弘法教学的结晶，由他的俗家弟子庆州刺史魏静编辑为《禅宗永嘉集》。

南先生所讲述的《永嘉禅宗集》，是明代幽溪传灯大师按照

天台宗止观法门的修学架构重新编辑的本子。南公认为《永嘉禅宗集》以东方文化简洁的文字,提纲挈领地概述佛法的见地、功夫和行愿,特别是其中的第八章《简示偏圆》和第九章《正修止观》这两篇,尤其需要我们仔细地研究。

通过《永嘉禅宗集》学习用功方法,我们掌握修止观的要诀:"恰恰用心时,恰恰无心用;无心恰恰用,常用恰恰无。"这个境界,也就是袁焕仙先生在青城山对南公所讲的"途中即家舍,家舍即途中"。到达大彻大悟的时候,才是永嘉大师的《证道歌》,认为这是真正的佛法心要。

南公又告诫我们:"《证道歌》不要先读,一读了以后,你们拿到《证道歌》,前面的工夫基础没有,就变成狂禅了。"(《答问青壮年参禅者》)

(四)宗通与教通

玄觉的《证道歌》强调:"宗亦通,说亦通,定慧圆明不滞空,非但我今独达了,恒沙诸佛体皆同。"佛祖道同,证的都是同一个真理。六祖《坛经·般若品》即有禅教兼通的明示:"说通及心通,如日处虚空。……说即虽万般,合理还归一。"

心通,也叫作宗通,即证法,这就是佛教神圣性的根源。所以,学佛就要像《法华经》所说的:"佛与诸佛,唯以一大事因缘故出现于世,为使众生开示悟入佛之知见。"学佛就是为了成佛,要做到见与佛齐,通达超越语言文字的宇宙实相。

第十一讲　须向那边会了，却来这边行履

说通，也叫作教通。教法是佛法在世间存在和流传发展的形式，在领悟真理的基础上，用通透的语言文字在人间传播，使不同根机的人都能够理解接受。

南先生批评现在一些狂禅者，他们认为学禅宗不需要看经典，也不研究教理，光去琢磨几句公案语录就可以了。南公说这是不应该的，"'通宗不通教，开口便乱道。'相反的呢，'通教不通宗，好比独眼龙'。光研究佛学的学理，没有找一个修行的方法，没有实际的修行，就像瞎了一只眼睛的独眼龙一样，也不好。所以永嘉大师的《证道歌》讲：'宗亦通，说亦通，定慧圆明不滞空。'这是基本原则，要知道。"（《习禅录影》）

（五）建构修学体系的愿景

佛法，是见地、修证、行愿三者的统一体，必须要认准目标，"蓦直不怠，即是坦途"。所以，南公毕生以实践菩萨道为己任，"全部佛法，乃超玄学哲学之一大实验事也"。他屡次引证《楞严经》的名言：

> 理则顿悟，乘悟并销；事非顿除，因次第尽。

禅宗强调行解相应，纵然在理上顿悟证得，依然须在事上渐修而圆，保任涵养。理，须顿、须圆，把心安立在佛菩萨的法界，才能真正地得理而安心。事，则须渐、须行，大乘菩萨道必须进入社会，与入世事功打成一片。

南公一直有志于建构适应当代人修学的佛学系统,他在研读《永嘉禅宗集》与《菩提道次第论》的讨论班上,语重心长地指出:

> 若是将来对学术界宏扬佛法,或到国外,在西方文化体系下讲佛学,依《菩提道次第广论》的路子最适合,因为学术界和西方文化讲究逻辑,而本书就是依因明理路而架结构,有凭有据,稳当扎实。《永嘉禅宗集》偏向东方文化简洁的习惯,散发文学气质,但亦隐约具有严谨的逻辑观念。①

特别是年轻的一代学人,如果有志于要编写一部当代的系统佛学,南公的思路,能给予我们很大的启迪。

三、入山与入世

(一)智圆悲大,触目皆道

传灯重编《永嘉禅宗集》时,把《劝友人书》删掉了。其实,魏静所编《禅宗永嘉集》里的《劝友人书》,是一篇阐发人间佛教

---

① 《岁暮课考》:《十方》第2卷第6期。

第十一讲　须向那边会了,却来这边行履

思想的重要作品。玄觉的好朋友左溪玄朗,秉承的还是传统的修行路径,强调住山修行可以远离红尘的喧嚣,在寂静处独自坐禅。玄觉在回信中指出修行者所重视的是道,而非居处的幽寂与否。这里有两段非常重要的论断:

> 是以见道忘山者,人间亦寂也;见山忘道者,山中乃喧也。

> 度尽生而悲大,照穷境以智圆。智圆,则喧寂同观;悲大,则怨亲普救。如是则何假长居山谷,随处任缘哉!

玄觉强调的"见道",即大乘佛教的核心价值:智慧和慈悲。智慧圆满,彻底观照实相真理,不管是山中之寂静、红尘之喧闹,皆一视同观。慈悲广大,度尽法界一切众生,无论怨亲远近,都是菩萨普遍救济的对象。站位高维的法界视域,山河大地都是法身的显现,幽谷红尘皆为修学的道场。如是则随缘任运,触目皆道。

天台宗重视的是大开圆解,禅宗强调的是首在知见。永嘉强调见道,就是在禅教会通的基础上照见实相、量周法界,以透彻的空性智慧,发挥度尽一切众生的菩萨悲愿。所以,玄觉的说法与六祖惠能所说的"佛法在世间,不离世间觉"同一意趣,使超越的佛法走向人间,论证了山居修道与人间弘化的统一。

（二）平常心是道

我们再来看南公。世间虽然是虚幻的,但出世的真谛恰恰借这个虚幻的世间而修成。所以,在《观无量寿佛经大意》中,南公引他老师袁焕仙先生一句名言:"知妄想为空,妄想即是般若。执般若为有,般若即是妄想。"凡圣的不同,在于前者迷糊而随境流转,后者清明而超然物外。

> 如果能作得了身心的主,遇到事情该提起时就提得起(用),该放下时就放得下(空),这就是境界般若(物来则应,过去不留)。(袁焕仙、南怀瑾等:《定慧初修》)

放得下、提得起,这就是沩山禅师所提倡的:"实际理地,不受一尘;万行门中,不舍一法。"实际理地,就是对心性和宇宙贯通的形而上本体的特称;万行门中,就是在滚滚红尘中针对人生的行为心理与道德哲学。

所以,了生脱死的佛法,还是必须落实在现实人生中:

> 使精神超拔于现实形器之世间,升华于真善美光明之域。而入世较之出世,犹为难甚!乃教诫行于菩萨道者,须具大慈、大悲、大愿、大行之精神,难行能行,难忍能忍,若地藏菩萨之愿,度尽地狱众生,我方成佛。[1]

---

[1] 南怀瑾:《禅海蠡测》,东方出版社2016年版,第94页。

故出世的修道和入世的度众,不能截然分成两截。平常心就是道,最平凡的也就是最不平凡的,学佛必须从做人开始。所以南公特别强调:"苟欲为世界上真正之伟人,唯一秘诀,只是平实而已。此句可谓成功之向上语,末后句,极高明而道中庸,非常者,即为平常之极至耳。"①

(三)佛教视角看中华民族复兴

我于1989年12月下旬,首次去拜访南怀瑾先生。他跟我讲,中国从20世纪80年代开始转入经济和社会发展的新时期。南公进一步指出中国要崛起,要注意四句话:"资本主义的管理,社会主义的福利,共产主义的理想,儒家的大同世界。"后来南公把第四句改为"要有中国的文化精神"。我们要虚心学习世界上一切先进的思想,建构人类命运共同体,关键是要建立在中华文化的本位上,使中华文教化成天下。

南公谈到,禅宗鼎盛的唐末五代,正是变乱痛苦的时代。高明的人跳出世俗,避世到禅门。但是避世逃禅,无助于救世。宗教只能补充政治之不足,救人之灵魂,对国家局势并无旋乾转坤的力量。正是基于对历史人生的透彻憬悟,南先生指出当代文化困境乃是变化中的过程,而不是定局。变乱并不可怕,重要的是找出变乱的根源,而迎接人类历史的新

---

① 南怀瑾:《中国文化泛言》,复旦大学出版社2018年版,第268页。

气运。

正因为如此,南怀瑾先生认为一切有志者应该为国家民族效力,而不要沉湎于仙佛之道。1991年2月初,南公在给我的一封信里提及:"我常说在我们这个时代,希望多出几个英雄,不是多出几个仙佛。况且成仙成佛还做不到,开悟了又怎么样?!出几个英雄,把这个社会搞安定,把天下搞太平,然后再搞仙佛之道。"①

(四)佛法与现代科学

即便是出世的"仙佛之道",南公也一直强调佛学是一门生命科学,要用现代科学的方法进行实证性的研究。所以南公一直感叹,佛法所指形而上的体性,与形而下的物理世界的关联枢纽,始终没有具体的实说。

> 一般佛学,除了注重在根身,和去后来先做主公的寻讨以外,绝少向器世界(物理世界)的关系上,肯做有系统而追根究底的研究,所以佛法在现代哲学和科学上,不能发挥更大的光芒。也可说是抛弃自家宝藏不顾,缺乏科学和哲学的素养,没有把大小乘所有经论中的真义贯串起来,非常可惜。(《楞伽大义今释》)

---

① 南怀瑾:《关于禅籍出版的一封信》,《佛教文化》1996年第1期,第45页。

第十一讲 须向那边会了,却来这边行履

可喜的是,我们现在有研究物理学的大学校长和研究化学的大学校长挺身而出,开始致力于研究科学和佛学的结合。把形而上的佛道与形而下的器世界这个环节打通,让神圣的佛法走进世俗社会,让更多的人了解佛教的思想与方法,南怀瑾先生功不可没。

(五) 耕耘不问收获,成功不必在我

知识分子在这个历史变局中,既不应该随波逐流,更不要畏惧和踌躇,必须认清方向,把稳船舵,无论在边缘或在核心,都应各安本位,勤慎明敏地各尽所能,整理固有文化,以配合新时代的要求。南公语重心长地说:

> 那是任重而道远的,要能耐得凄凉,甘于寂寞,在没没无闻中,散播无形的种子。耕耘不问收获,成功不必在我。必须要有香象渡河,截流而过的精神,不辞辛苦地做去。(《楞严大义今释》)

在 1976 年冬天,南先生于闭关出定后作了一个偈子:"忧患千千结,山河寸寸心。谋国与谋身,谁识此时情。"这个偈子,对我们理解从永嘉玄觉到南怀瑾先生的心路历程,理解这两位大师的菩萨悲愿和思想方法,非常重要。

"入世"还是"入山"? 对真正的智者而言,这两者的界限其实本来就不存在。尤其是现在,又到了一个历史性的转折点。

我们身处彷徨不确定的时代,读这两位大师的著作,有助于我们把握时代的脉络,确立人生的方向。

最后,我用两句话来表示我对永嘉大师和南公的敬仰,与大家共勉:"唯具高高山顶立的智慧,才有洞彻世情的冷峻目光;也唯有深深海底行的悲愿,才有民胞物与的火热情怀。"

* 本文是在"从永嘉玄觉到南怀瑾学术研讨会"上的主旨发言(2023年10月20日)。收入本书时,有适当删改。

图书在版编目(CIP)数据

禅的智慧与人生境界：王雷泉讲演录 / 王雷泉著. 上海：上海社会科学院出版社，2024. -- ISBN 978-7-5520-4577-2

Ⅰ.B948-53

中国国家版本馆CIP数据核字第2024CY4323号

禅的智慧与人生境界：
王雷泉讲演录

著　　者：王雷泉
责任编辑：叶　子
封面设计：杨晨安
出版发行：上海社会科学院出版社
　　　　　上海顺昌路622号　邮编200025
　　　　　电话总机 021-63315947　销售热线 021-53063735
　　　　　https://cbs.sass.org.cn　E-mail:sassp@sassp.cn
排　　版：南京展望文化发展有限公司
印　　刷：上海颛辉印刷厂有限公司
开　　本：787毫米×1092毫米　1/32
印　　张：8.875
插　　页：1
字　　数：162千
版　　次：2024年12月第1版　2025年1月第3次印刷

ISBN 978-7-5520-4577-2/B·542　　　　　定价：78.00元

版权所有　　翻印必究